财务会计类专业精品课程规划教材

财务报表分析职业能力训练

（第三版）

● 周会林　主编

苏州大学出版社
Soochow University Press

图书在版编目(CIP)数据

财务报表分析职业能力训练 / 周会林主编. -- 3版
. -- 苏州：苏州大学出版社，2023.1(2024.6重印)
ISBN 978-7-5672-4219-7

Ⅰ.①财… Ⅱ.①周… Ⅲ.①会计报表-会计分析-高等职业教育-教材 Ⅳ.①F231.5

中国版本图书馆CIP数据核字(2022)第249642号

财务报表分析职业能力训练(第三版)
CAIWU BAOBIAO FENXI ZHIYE NENGLI XUNLIAN (DI-SAN BAN)
周会林　主编
责任编辑　王　亮

苏州大学出版社出版发行
(地址：苏州市十梓街1号　邮编：215006)
丹阳兴华印务有限公司印装
(地址：丹阳市胡桥镇　邮编：212313)

开本 787 mm×1 092 mm　1/16　印张 5.75　字数 138 千
2023年1月第3版　2024年6月第3次修订印刷
ISBN 978-7-5672-4219-7　定价：26.00元

图书若有印装错误，本社负责调换
苏州大学出版社营销部　电话：0512-67481020
苏州大学出版社网址　http://www.sudapress.com
苏州大学出版社邮箱　sdcbs@suda.edu.cn

第三版前言

  本职业能力训练是财务会计类专业精品课程规划教材《财务报表分析实务》的配套辅助用书。本书依据新的《企业会计准则》和上市公司有关信息披露的规定，按照高职会计类专业人才培养方案的要求，结合专业教师的实际教学经验总结编写而成，以财务报表分析的基本原理、基本方法和基本技能为依据，突出财务报表分析业务操作技能的训练。本书在编写上以基本能力培养和拓展能力提高为主，以一家上市公司报表的真实数据为基础，先后进行偿债能力、营运能力、盈利能力、发展能力和现金流量等内容的训练与测试，提高学生的报表分析操作技能。

  本书由江苏联合职业技术学院南京财经分院正高级讲师、注册会计师、高级会计师周会林担任主编。在修订过程中，参考了一些最新的财务报表分析课程资源，在此对相关作者表示衷心感谢。

编　者

2022 年 12 月

前言

为配合五年制高等职业教育会计类专业"财务报表分析实务"课程的教学,使学生更好地掌握财务报表分析的基本理论、基本方法与基本技能,我们编写了与《财务报表分析实务》教材配套的职业能力训练。

该书依据新的《企业会计准则》和上市公司有关信息披露的规定,按照高职会计类专业人才培养方案的要求,结合专业教师的实际教学经验总结编写而成,以财务报表分析的基本原理、基本方法和基本技能为依据,突出财务报表分析业务操作技能的训练。编写上以基本能力培养和拓展能力提高为主,通过对公司的偿债能力、营运能力、盈利能力、发展能力和现金流量等内容的训练与测试,提高学生的报表分析操作技能。

本书由南京财经学校高级讲师周会林担任主编,拟定编写体例,提出编写方案并统稿、总纂。项目一"阅读财务报表"由连云港财经分院焦建平编写,项目二"短期偿债能力分析"、项目九"财务报表附注分析"由周会林编写,项目三"长期偿债能力分析"由连云港财经分院朱迪珍编写,项目四"营运能力分析"由扬州高等职业学校兰芸芸编写,项目五"盈利能力分析"由南京财经学校廖成英编写,项目六"发展能力分析"由江阴职业技术教育中心蔡文楠编写,项目七"现金流量分析"由徐州财经分院汤玉龙编写,项目八"综合分析"由南通商贸分院李其银编写。

另外,在教材的编写过程中,我们也参考了一些最新的财务报表分析习题,在此一并表示衷心感谢。

由于时间仓促,编写水平有限,本书难免有不足之处,望广大同仁不吝赐教,在此深表谢意。

编 者

2012 年 1 月

CONTENTS

目录

项目一	阅读财务报表	001
项目二	短期偿债能力分析	007
项目三	长期偿债能力分析	013
项目四	营运能力分析	021
项目五	盈利能力分析	030
项目六	发展能力分析	039
项目七	现金流量分析	045
项目八	综合分析	050
项目九	财务报表附注分析	059
附录		061
答案		068

项目一

阅读财务报表

一、单项选择能力训练

1. ( )是会计报告的核心组成部分。
   A. 资产负债率　　　　　　　　B. 利润表
   C. 现金流量表　　　　　　　　D. 会计报表
2. 下列选项不属于比率指标的是( )。
   A. 构成比率　　　　　　　　　B. 效率比率
   C. 相关比率　　　　　　　　　D. 因素比率
3. 下列选项属于资产负债表外经济资源的是( )。
   A. 预付账款　　　　　　　　　B. 企业的声誉
   C. 在建工程　　　　　　　　　D. 无形资产
4. 下列选项不属于财务分析目标的是( )。
   A. 了解企业过去的生产经营情况,掌握企业生产经营的规律性
   B. 了解企业经营管理现状和存在的问题,评价企业生产经营的现状
   C. 预测企业的未来,为企业参与市场竞争和制定发展战略服务
   D. 加强企业的内部控制
5. ( )从本质上看就是连环替代法的一种简化形式。
   A. 差额分析法　　　　　　　　B. 比率分析法
   C. 比较分析法　　　　　　　　D. 趋势分析法
6. 企业所有者作为投资人,关心其资本的保值和增值状况,因此较为重视企业的( )。
   A. 偿债能力　　　　　　　　　B. 营运能力
   C. 盈利能力　　　　　　　　　D. 发展能力
7. 下列财务指标属于效率指标的是( )。
   A. 速动比率　　　　　　　　　B. 资产负债率
   C. 总资产收益率　　　　　　　D. 利息保障倍数

二、多项选择能力训练

1. 财务分析的内容包括(　　)。
   A. 偿债能力分析　　　　　　　　B. 营运能力分析
   C. 盈利能力分析　　　　　　　　D. 现金流量分析

2. 比率分析指标主要有(　　)。
   A. 效率比率　　　　　　　　　　B. 结构比率
   C. 相关比率　　　　　　　　　　D. 周转率

3. 会计报表至少应当包括(　　)。
   A. 资产负债表　　　　　　　　　B. 利润表
   C. 现金流量表　　　　　　　　　D. 所有者权益变动表及附注

4. 资产负债表所提供的主要信息包括(　　)。
   A. 企业拥有或控制经济资源的规模及占用形态
   B. 企业全部资金的来源与构成
   C. 企业的变现能力、偿债能力和盈利能力
   D. 企业财务状况变化趋势

5. 影响利润的人为因素有(　　)。
   A. 成本的结转方法　　　　　　　B. 折旧的计算方法
   C. 资产减值准备的计提　　　　　D. 费用化的借款利息

6. 经营活动现金流量解读的要点包括(　　)。
   A. 经营活动产生的现金流量应该是正数
   B. 对企业来说利润应该有经营活动现金净流量作保障
   C. 应保持适度的销售收现率
   D. 现金流量最大化是企业充满活力的具体表现

7. 财务分析的方法主要包括(　　)。
   A. 趋势分析法　　　　　　　　　B. 比率分析法
   C. 因素分析法　　　　　　　　　D. 指数分析法

8. 对财务数据进行比较分析时,经常使用的比较标准有(　　)。
   A. 公认标准　　　　　　　　　　B. 行业标准
   C. 目标标准　　　　　　　　　　D. 历史标准

9. 采用比较分析法时,应当注意(　　)。
   A. 对比项目的相关性
   B. 剔除偶发性项目的影响
   C. 所对比指标的计算口径必须一致
   D. 运用例外原则对某项有显著变动的指标做重点分析

10. 运用因素分析法进行分析时,应注意的问题有(　　)。
    A. 因素分解的关联性　　　　　　B. 因素替代的顺序性
    C. 顺序替代的连环性　　　　　　D. 计算结果的准确性

三、判断能力训练

1. 相关比率反映部分与总体的关系。（   ）
2. 在采用因素分析法时，可任意颠倒顺序，其计算结果是相同的。（   ）
3. 会计报表是对企业财务状况、经营成果和现金流量的结构性表述，是财务报告的核心。（   ）
4. 阅读资产负债表的步骤和方法是：总额观察把握财务变化的方向；浏览具体项目寻找变动原因；借助相关的财务比率透视财务状况。（   ）
5. 企业经营管理者进行财务分析的目标是综合的、多方面的。（   ）
6. 采用因素分析法，可以分析引起财务指标变化的主要原因、变动性质，并可预测企业未来的发展前景。（   ）
7. 经营决策者为了实现财务管理目标，在财务分析中主要关注企业的盈利能力和相关风险。（   ）

四、计算能力训练

【资料】A 公司生产和销售甲产品的材料成本构成如表 1-1 所示。

表 1-1　　　　　　　A 公司生产和销售甲产品的材料成本构成

项　目	计量单位	2021 年	2022 年
产量	台	300	400
单位产品材料消耗量	千克/台	15	14
材料单价	元/千克	10	12
材料总成本	元	45 000	67 200

【要求】运用因素分析法分析各因素变动对材料总成本的影响。

五、综合能力训练

1.【资料】附表一长电科技股份有限公司资产负债表数据。

【要求】进行以下分析：

（1）2021年度与2020年度相比，公司资产总额有何变化？

（2）2021年度公司变化金额最大的资产项目是什么？变化最小的资产项目又是什么？

（3）2021年公司的资产构成以什么资产为主？列出最主要的三个资产项目。

（4）2021年度与2020年度相比公司的存货项目有何变化？

（5）2021年公司的资金来源中，权重最大的项目是什么？2021年度变化最大的权益项目是什么？

（6）结合资产负债表中信息，对公司的财务状况做简要评述。

2.【资料】附表二长电科技股份有限公司利润表数据。
【要求】进行以下分析：
(1) 公司营业利润占利润总额的比例变化情况。
(2) 公司营业利润、利润总额和净利润变化情况。

六、拓展训练

【要求】登陆"新浪财经"等网站,收集上市公司格力电器股份有限公司(代码:000651)的下列资料:

(1)公司概况。
(2)股票发行情况。
(3)股份构成情况。
(4)公司主要股东及持股比例。
(5)近三年每股收益及分红配股方案。
(6)近三年母公司的资产负债表、利润表、现金流量表,并将3张表的PDF转化为Excel形式。

项目二

短期偿债能力分析

一、单项选择能力训练

1. 评价企业短期偿债能力强弱最苛刻的指标是( )。
   A. 利息保障倍数　　　　　　　　B. 速动比率
   C. 流动比率　　　　　　　　　　D. 现金比率
2. 流动比率小于 1 时,赊购原材料将会( )。
   A. 增大流动比率　　　　　　　　B. 降低流动比率
   C. 降低营运资金　　　　　　　　D. 增大营运资金
3. 如果企业的速动比率很小,下列结论正确的是( )。
   A. 企业流动资产占用过多　　　　B. 企业短期偿债风险很大
   C. 企业短期偿债能力很强　　　　D. 企业资产流动性很强
4. 下列经济业务会使企业的速动比率提高的是( )。
   A. 销售产品
   B. 收回应收账款
   C. 购买短期债券
   D. 用固定资产对外进行长期股权投资
5. 在计算速动比率时,要把存货从流动资产中剔除的原因不包括( )。
   A. 可能存在部分存货已经损坏但尚未处理的情况
   B. 部分存货已抵押给债权人
   C. 存货的周转能力最差
   D. 存货可能采用不同的计价方法
6. 影响速动比率可信性的最主要因素是( )。
   A. 存货的变现能力　　　　　　　B. 短期证券的变现能力
   C. 产品的销售能力　　　　　　　D. 应收账款的变现能力
7. 若流动比率大于 1,则下列结论成立的是( )。
   A. 速动比率必大于 1　　　　　　B. 营运资金大于 0
   C. 资产负债率大于 1　　　　　　D. 短期偿债能力绝对有保障

8. 下列选项属于速动资产的是(　　)。
   A. 无形资产　　　　　　　　　　B. 交易性金融资产
   C. 存货　　　　　　　　　　　　D. 工程物资
9. 如果流动资产大于流动负债,则月末用银行存款偿还一笔其他应付款会使(　　)。
   A. 营运资金减少　　　　　　　　B. 营运资金增加
   C. 流动比率提高　　　　　　　　D. 流动比率降低
10. 运用资产负债表可计算的比率有(　　)。
    A. 应收账款周转率　　　　　　　B. 存货周转率
    C. 利息保障倍数　　　　　　　　D. 速动比率
11. 企业增加速动资产,一般会(　　)。
    A. 提高企业的营运能力　　　　　B. 提高企业的机会成本
    C. 增加企业的财务风险　　　　　D. 提高流动资产的收益率
12. 下列表述正确的是(　　)。
    A. 流动比率越大越好
    B. 营运资金越多,企业的偿债能力就越强
    C. 速动比率比流动比率更能反映企业的短期偿债能力
    D. 如果流动比率小于2,则说明企业的偿债能力较差
13. 在流动比率大于1的情况下,期末以现金偿付一笔短期借款所导致的结果是(　　)。
    A. 营运资金减少　　　　　　　　B. 营运资金增加
    C. 流动比率降低　　　　　　　　D. 流动比率提高

二、多项选择能力训练

1. 下列各项,(　　)会降低企业的速动比率。
   A. 赊购存货　　　　　　　　　　B. 应收账款发生大额减值
   C. 支付股利　　　　　　　　　　D. 支付利息
2. 短期偿债能力的衡量指标主要有(　　)。
   A. 流动比率　　　　　　　　　　B. 产权比率
   C. 速动比率　　　　　　　　　　D. 现金比率
3. 下列各项,不会影响速动比率的业务有(　　)。
   A. 用现金购买短期债券　　　　　B. 用现金购买固定资产
   C. 用存货进行对外长期投资　　　D. 从银行取得长期借款
4. 流动比率大于1时,赊购原材料一批(不考虑增值税),将会(　　)。
   A. 降低速动比率　　　　　　　　B. 降低流动比率
   C. 营运资金不变　　　　　　　　D. 增加营运资金
5. 通常情况下,影响流动比率的主要因素包括(　　)。
   A. 经营现金净流量　　　　　　　B. 存货周转速度

C. 应收账款周转速度　　　　　　D. 净利润的大小

6. 下列关于流动比率的表述正确的有（　　）。

A. 流动比率高，偿债能力不一定强

B. 流动比率低，偿债能力不一定差

C. 营业周期短、应收账款和存货的周转速度快的企业流动比率高一些是可以接受的

D. 计算出来的流动比率，只有和同行业、本企业历史平均数比较，才能知道是高是低

三、判断能力训练

1. 一般情况下，流动资产超过流动负债越多，企业短期偿债能力越强。（　　）

2. 流动资产的质量是指流动资产的流动性和变现能力。（　　）

3. 流动负债的质量是指债务偿还的强制程度和紧迫性。（　　）

4. 营运资金是偿还流动负债的保障基础，营运资金越多则偿债越有保障。（　　）

5. 尽管流动比率可以反映企业的短期偿债能力，但有的企业流动比率较高，却没有能力支付到期的应付账款。（　　）

6. 流动比率与速动比率之差等于现金比率。（　　）

7. 现金比率不同于速动比率之处主要在于剔除了应收账款对短期偿债能力的影响。（　　）

四、计算能力训练

1.【资料】附表一长电科技股份有限公司资产负债表数据。

【要求】

（1）计算长电科技股份有限公司2021年、2020年、2019年的营运资金、流动比率、速动比率和现金比率。

（2）采用比较分析法，对上述指标进行变化分析，评价公司的短期偿债能力。

2.【资料】某公司流动资产由速动资产和存货构成,年初存货为 145 万元,年初应收账款为 125 万元,年末流动比率为 3,年末速动比率为 1.5,年末流动资产余额为 270 万元。

【要求】

(1) 计算该公司流动负债年末余额。

(2) 计算该公司存货年末余额和年平均余额。

3.【资料】丰华公司2022年年末的全部流动资产为820 000元,流动比率为1.6。该公司购入商品160 000元以备销售,其中的80 000元为赊购,又购置车辆一部,价值46 000元,其中18 000元以银行存款支付,其余开出应付票据一张。

【要求】
(1) 计算交易后的营运资金。
(2) 计算交易后的流动比率。
(3) 简要分析流动比率变动的原因。

五、拓展训练

【资料】项目一拓展训练下载的格力电器母公司的资产负债表、利润表和现金流量表。

【要求】分别计算格力电器母公司最近两年的流动比率、速动比率和现金比率,并对其计算结果进行比较分析。

项目三

长期偿债能力分析

一、单项选择能力训练

1. 企业的长期偿债能力主要取决于企业的(　　)。
   A. 资产的短期流动性　　　　　　B. 盈利能力
   C. 资产的多少　　　　　　　　　D. 债务的多少
2. 可以分析评价长期偿债能力的指标是(　　)。
   A. 存货周转率　　　　　　　　　B. 流动比率
   C. 速动比率　　　　　　　　　　D. 利息保障倍数
3. 利息保障倍数至少应大于(　　)。
   A. 1　　　　　　　　　　　　　　B. 2
   C. 3　　　　　　　　　　　　　　D. 5
4. 资本结构具体是指企业的(　　)的构成和比例关系。
   A. 所有者权益筹资与负债筹资
   B. 债权投资与流动负债
   C. 长期应付款与固定资产
   D. 递延所得税资产与应付账款
5. 某企业的流动资产为 230 000 元,长期资产为 4 300 000 元,流动负债为 105 000 元,长期负债为 830 000 元,则资产负债率为(　　)。
   A. 19%　　　　　　　　　　　　B. 18%
   C. 45%　　　　　　　　　　　　D. 21%
6. 要想取得财务杠杆效应,应当使全部资本利润率(　　)借款利息率。
   A. 大于　　　　　　　　　　　　B. 小于
   C. 等于　　　　　　　　　　　　D. 无关
7. 可能会分散原有股东控制权的筹资方式是(　　)。
   A. 吸收投资　　　　　　　　　　B. 发行债券
   C. 接受捐赠　　　　　　　　　　D. 取得经营利润

8. 盛大公司某年年末资产总额为 9 800 000 元,负债总额为 5 256 000 元,计算产权比率为(   )。
   A. 1.16   B. 0.54
   C. 0.46   D. 0.86

9. 诚然公司报表显示：2022 年年末负债总额为 5 000 000 元,所有者权益总额为 7 500 000 元,计算该公司的权益乘数为(   )。
   A. 0.67   B. 1.5
   C. 1.67   D. 2.5

10. 下列说法正确的是(   )。
    A. 权益乘数乘以产权比率等于 1
    B. 权益乘数减去产权比率等于 1
    C. 利息保障倍数属于反映短期偿债能力的指标
    D. 利息保障倍数是指企业税前利润与利息费用的比率

11. 下列关于资产负债率的说法不正确的是(   )。
    A. 它是一个反映长期偿债能力的指标,计算时不需要考虑短期负债
    B. 它可以衡量企业在清算时保护债权人利益的程度
    C. 从债权人的立场看,该比率越低,企业偿债越有保证,贷款越安全
    D. 它反映在总资产中有多大比例是通过借债来筹资的

12. 除了通过利润表、资产负债表中有关项目之间的内在联系计算出各种比率,用以评价和分析企业的长期偿债能力以外,还有一些因素也影响企业的长期偿债能力,但不包括(   )。
    A. 资产质量   B. 经营租赁
    C. 应收账款融资   D. 或有事项

13. 下列关于产权比率的说法不正确的是(   )。
    A. 产权比率越高,表明企业的长期偿债能力越强
    B. 该指标反映企业基本财务结构是否稳定
    C. 产权比率高,是高风险、高报酬的财务结构
    D. 该指标表明债权人投入的资本受到股东权益保障的程度

14. 利息保障倍数不仅反映了企业长期偿债能力,而且反映了(   )。
    A. 总偿债能力   B. 短期偿债能力
    C. 盈利能力   D. 营运能力

15. 下列指标不属于偿债能力比率的是(   )。
    A. 流动比率   B. 存货周转率
    C. 资产负债率   D. 产权比率

16. 下列经济业务会提高企业利息保障倍数的是(   )。
    A. 贷款购买厂房   B. 宣布并支付现金股利
    C. 所得税税率降低   D. 成本下降利润增加

17. 产权比率越高,通常反映的信息是(   )。
    A. 财务结构越稳健   B. 长期偿债能力越强
    C. 财务杠杆效应越强   D. 股东权益的保障程度越高

二、多项选择能力训练

1. 企业的长期债务包括(　　)。
   A. 应付债券　　　　　　　　　　B. 长期借款
   C. 长期应付款　　　　　　　　　D. 交易性金融负债

2. (　　)指标可用来分析长期偿债能力。
   A. 产权比率　　　　　　　　　　B. 流动比率
   C. 权益乘数　　　　　　　　　　D. 资产负债率

3. 影响产权比率的因素有(　　)。
   A. 固定资产净值　　　　　　　　B. 无形资产净值
   C. 股东权益　　　　　　　　　　D. 负债总额

4. 资产负债率公式中的资产总额包括(　　)。
   A. 长期股权投资　　　　　　　　B. 无形资产
   C. 固定资产　　　　　　　　　　D. 流动资产

5. 只是改变了企业的资产负债比例,不会改变原有的股权结构的筹资方式有(　　)。
   A. 短期借款　　　　　　　　　　B. 发行债券
   C. 吸收投资　　　　　　　　　　D. 长期借款

6. 在分析资产负债率时,(　　)应包括在负债项目中。
   A. 应付职工薪酬　　　　　　　　B. 盈余公积
   C. 未交税费　　　　　　　　　　D. 长期应付款

7. 下列关于资产负债率的表述正确的有(　　)。
   A. 兴旺期间的企业可以适当提高资产负债率
   B. 营业周期短的企业可以适当提高资产负债率
   C. 流动资产占比较大的企业可以适当提高资产负债率
   D. 当利率提高时,应降低资产负债率

8. 计算息税前利润应考虑的因素有(　　)。
   A. 利息费用　　　　　　　　　　B. 所得税费用
   C. 营业外支出　　　　　　　　　D. 净利润

9. 下列关于产权比率与资产负债率的说法正确的有(　　)。
   A. 两个比率对评价偿债能力的作用基本相同
   B. 两个比率均用于评价企业的短期偿债能力
   C. 产权比率侧重于分析债务偿付安全性的物质保障程度
   D. 产权比率侧重于揭示自有资金对偿债风险的承受能力

10. 下列关于资产负债率、权益乘数和产权比率之间关系的表达式正确的有(　　)。
    A. 权益乘数−产权比率=1
    B. 权益乘数=1÷(1−资产负债率)
    C. 资产负债率×权益乘数=产权比率
    D. (1+产权比率)×(1−资产负债率)=1

三、判断能力训练

1. 对债权人而言,企业的资产负债率越高越好。(   )
2. 盈利能力强的企业,其偿债能力一定也强。(   )
3. 企业的利息保障倍数、债务本息偿付保障倍数越高,则长期偿债能力就越强。(   )
4. 利润表的分析,侧重于反映公司的盈利能力,主要指标是权益乘数。(   )
5. 资产负债表的分析,侧重于资本结构的反映,主要包括资产负债率、产权比率、利息保障倍数等指标。(   )
6. 一般情况下,利息保障倍数越大,企业偿还债务利息的能力越强。(   )
7. 利息费用仅包括费用化的利息费用,不包括资本化的利息费用。(   )
8. 资产负债比率也可衡量企业在发生清算时对债权人权益的保障程度。(   )
9. 分析一个企业的长期偿债能力,主要是为了确定该企业偿还债务本金的能力。(   )
10. 资产负债率大于1,说明企业有较好的偿债能力和负债经营能力。(   )
11. 如果利息保障倍数低于1,则企业一定无法支付到期利息。(   )
12. 如果产权比率等于1,则资产负债率必然等于50%。(   )
13. 在其他条件不变的情况下,权益乘数越大则负债程度越高。(   )

四、计算能力训练

1.【资料】附表一长电科技股份有限公司资产负债表数据、附表二长电科技股份有限公司利润表数据。

【要求】

(1)计算长电科技股份有限公司2021年、2020年、2019年的利息保障倍数、资产负债率、产权比率和权益乘数。

(2)采用比较分析法,对上述指标进行变化分析,评价公司的长期偿债能力。

2.【资料】顺达公司有关资料显示:2021年利润总额为3 838万元,费用化利息费用为800万元,资本化利息费用为300万元;2022年利润总额为4 845万元,利息费用总额为1 020万元(2022年利息全是费用化利息)。

【要求】计算并分析顺达公司的利息保障倍数。

3.【资料】清水公司(上市公司)2022年相关资料如表3-1所示。

表3-1　　　　　　　　　　清水公司2022年相关资料　　　　　　　　　单位：万元

项　目	年初数	年末数
总资产	2 220	2 460
流动负债	560	680
负债总额	1 000	1 120
股东权益	1 220	1 340

【要求】计算清水公司2022年年末的资产负债率、产权比率和权益乘数。

五、综合能力训练

【资料】远方公司是一家上市公司,2022 年的资产负债表(简表)如表 3-2 所示。

表 3-2　　　　　　　　　　远方公司资产负债表(简表)

2022 年 12 月 31 日　　　　　　　　　　单位:万元

资　产		负债及股东权益	
流动资产	655	流动负债	290
固定资产	1 570	长期借款	200
无形资产	5.5	应付债券	540
递延所得税资产	7.5	其他长期负债	25
其他长期资产	5	长期负债合计	765
		股东权益	1 188
资产总计	2 243	负债及股东权益总计	2 243

【要求】计算该公司的资产负债率、产权比率,并对该公司的长期偿债能力做出评价。

六、拓展训练

【资料】项目一拓展训练下载的格力电器母公司的资产负债表、利润表和现金流量表。

【要求】分别计算格力电器母公司最近两年的利息保障倍数、资产负债率、产权比率和权益乘数,并对其计算结果进行比较分析。

项目四

营运能力分析

一、单项选择能力训练

1. 某企业年营业收入为 2 100 万元,应收账款年初数为 202 万元,年末数为 398 万元,则应收账款周转率为( )。
   A. 4 B. 5
   C. 6 D. 7
2. 下列指标反映企业营运能力的是( )。
   A. 速动比率 B. 流动比率
   C. 应收账款周转率 D. 现金比率
3. 下列关于企业存货周转率的表述不正确的是( )。
   A. 存货周转率越高,表明企业存货管理效率越佳,存货从资金投入到销售收回的时间越长
   B. 存货周转率低,表明企业产销配合不好,存货积压过多
   C. 存货周转率越高,表明企业存货管理效率越佳,存货从资金投入到销售收回的时间越短
   D. 存货周转率能够反映企业存货管理水平的高低,是整个企业管理的一项重要内容
4. 下列关于存货周转天数的计算公式正确的是( )。
   A. 存货周转天数=营业成本÷存货平均余额
   B. 存货周转天数=365÷(营业成本÷存货平均余额)
   C. 存货周转天数=存货平均余额÷营业成本
   D. 存货周转天数=365÷(存货平均余额÷营业成本)
5. 下列选项不会导致企业应收账款周转率下降的是( )。
   A. 客户故意拖延欠款 B. 客户财务困难
   C. 企业的信用政策过宽 D. 企业主营业务收入增加
6. 长期股权投资提前变现,将会( )。
   A. 对流动比率的影响大于对速动比率的影响

B. 对速动比率的影响大于对流动比率的影响
C. 影响速动比率但不影响流动比率
D. 影响流动比率但不影响速动比率

7. 某企业 2017 年总投资 2 400 万元，权益乘数保持为 1.5，则投资额中自有资金为（　　）万元。
   A. 360　　　　　　　　　　　B. 800
   C. 1 600　　　　　　　　　　D. 2 040

8. 下列指标既是企业举债经营的前提依据，又是衡量企业长期偿债能力大小的重要标志的是（　　）。
   A. 流动比率　　　　　　　　　B. 产权比率
   C. 资产负债率　　　　　　　　D. 利息保障倍数

9. 某公司上年度和本年度的流动资产年均占用额分别为 100 万元和 120 万元，流动资产周转率分别为 6 次和 8 次，则本年比上年营业收入增加（　　）万元。
   A. 180　　　　　　　　　　　B. 360
   C. 480　　　　　　　　　　　D. 540

10. 某企业的全部资产由流动资产和固定资产构成，流动资产周转率为 3，固定资产周转率为 2，则总资产周转率为（　　）。
    A. 1　　　　　　　　　　　　B. 1.2
    C. 2.5　　　　　　　　　　　D. 5

11. 某企业计划年度营业成本为 1 600 万元，营业毛利率为 20%，流动资产平均占用额为 500 万元，则该企业流动资金周转天数为（　　）天（假定一年按 365 天计算）。
    A. 121.67　　　　　　　　　 B. 91.25
    C. 81.11　　　　　　　　　　D. 75

12. 某企业流动负债为 20 万元，速动比率为 2.5，流动比率为 3.0，营业成本为 10 万元，则存货周转次数为（　　）（以存货年末数作为存货平均余额）。
    A. 1　　　　　　　　　　　　B. 2
    C. 1.33　　　　　　　　　　 D. 1.5

二、多项选择能力训练

1. 营运能力分析比率用来衡量企业在资产管理方面的效率，可以采用的分析指标有（　　）。
   A. 应收账款周转率　　　　　　B. 存货周转率
   C. 流动资产周转率　　　　　　D. 总资产周转率

2. 下列说法正确的有（　　）。
   A. 存货周转率是评价和衡量企业购入存货、投入生产、销售收回等各环节管理状况的综合性指标
   B. 存货周转率越低越好

C. 应收账款周转率反映应收账款的周转速度

D. 应收账款若能及时收回,说明企业的短期偿债能力强,反映企业管理应收账款的效率高

3. 企业的应收账款周转率高表明(   )。
   A. 企业收账速度快   B. 可能形成的坏账损失少
   C. 资金流动速度快   D. 企业偿债能力强

4. 下列有关总资产周转率的计算公式错误的有(   )。
   A. 总资产周转次数=营业收入÷总资产平均余额
   B. 总资产周转天数=(365×总资产平均余额)÷营业收入
   C. 总资产周转次数=营业收入÷流动资产平均余额
   D. 总资产周转次数=营业收入÷固定资产平均余额

5. 下列指标不能反映企业营运能力的有(   )。
   A. 营业净利率   B. 利息保障倍数
   C. 成本利润率   D. 总资产周转率

6. 应收账款周转天数是分析企业流动资产营运情况的指标,下列表述正确的有(   )。
   A. 周转天数少,表明应收账款周转慢
   B. 周转天数少,表明应收账款周转快
   C. 周转天数多,表明企业信用标准严格
   D. 周转天数多,表明企业信用标准放宽

7. 某公司当年经营利润很多,却不能偿还到期债务,为查清原因,应检查的财务比率有(   )。
   A. 利息保障倍数   B. 流动比率
   C. 存货周转率   D. 应收账款周转率

8. 以下指标直接受主营业务收入影响的有(   )。
   A. 应收账款周转率   B. 存货周转率
   C. 流动资产周转率   D. 固定资产周转率

三、判断能力训练

1. 存货周转速度越快,则存货的流动性越强,存货转换为现金或应收账款的速度也就越快。(   )

2. 应收账款周转率反映企业应收账款的周转速度,应收账款周转率越大,对企业越有利。(   )

3. 对于企业而言,存货周转率一定是越低越好。(   )

4. 总资产周转率越高表明企业总资产周转速度越快,反映销售能力越强,企业可以通过薄利多销的方法加速资产的周转,带来利润总额的增加。(   )

5. 营运能力是指企业的经营运行能力,即企业运用各项资产以赚取利润的能力。通过

对企业营运能力的分析也可以衡量企业在资产管理方面的效率。（　　）

6. 存货周转速度越快,存货的占用水平越低,流动性越强,存货转换为现金或应收账款的速度也就越快。（　　）

7. 在其他条件不变的情况下、流动资产周转速度越快,需补充流动资产参加周转的数额就越多。（　　）

四、计算能力训练

1.【资料】附表一长电科技股份有限公司资产负债表数据、附表二长电科技股份有限公司利润表数据。

【要求】

（1）计算长电科技股份有限公司2021年、2020年的应收账款周转次数、应收账款周转天数、存货周转次数、存货周转天数、流动资产周转次数、流动资产周转天数、固定资产周转次数、固定资产周转天数、总资产周转次数、总资产周转天数。

（2）采用比较分析法,对上述指标进行变化分析,评价公司的营运能力。

2.【资料】南方公司 2022 年有关资料如下：
(1) 全年营业收入总额为 40 000 万元，其中营业成本占营业收入的 70%。
(2) 其他资料如表 4-1 所示。

表 4-1　　　　　　　　　南方公司 2022 年有关财务资料　　　　　　　　单位：万元

项　目	年初数	年末数
应收账款	1 550	1 650
存货	1 800	1 650
流动资产	3 200	3 150
非流动资产	4 250	6 500
资产总额	10 800	12 950

【要求】根据上述资料分别计算应收账款、存货、流动资产、总资产的营运能力指标（包括周转次数及周转天数，假定一年按 365 天计算）。

3.【资料】某企业某年营业收入为 1 800 万元,营业成本为 1 500 万元;年初、年末应收账款余额分别为 200 万元和 400 万元;年初、年末存货余额分别为 200 万元和 600 万元;年末速动比率为 1.2,年末现金比率为 0.7。假定该企业流动资产由速动资产和存货组成,速动资产由应收账款和现金类资产组成,一年按 365 天计算。

【要求】计算下列指标:
(1) 应收账款周转次数、周转天数。
(2) 存货周转次数、周转天数。
(3) 流动负债年末余额和速动资产年末余额。
(4) 年末流动比率。

4.【资料】某公司流动资产由速动资产和存货构成,年初存货为 170 万元,年初应收账款为 150 万元,年末流动比率为 200%,年末速动比率为 100%,存货周转率为 4 次,年末流动资产余额为 300 万元。一年按 365 天计算。

【要求】

(1) 计算该公司流动负债年末余额。

(2) 计算该公司存货年末余额和年平均余额。

(3) 计算该公司本年营业成本。

(4) 假定本年营业收入为 1 080 万元,应收账款以外的其他速动资产忽略不计,计算该公司应收账款周转天数。

5.【资料】某公司有关资料如表 4-2 所示。

表 4-2　　　　　　　　　　　　某公司有关资料

项　目	期初数	期末数	本期数或平均数
流动负债	3 000 万元	4 500 万元	
速动比率	0.75		
流动比率		1.6	
总资产周转次数			1.2
总资产			18 000 万元

（假定该公司流动资产等于速动资产加存货，期初存货为 3 600 万元。）

【要求】
（1）计算该公司流动资产的期初数与期末数。
（2）计算该公司本期营业收入。
（3）计算该公司本期流动资产平均余额和流动资产周转次数。

五、拓展训练

【资料】项目一拓展训练下载的格力电器母公司的资产负债表、利润表和现金流量表。

【要求】分别计算格力电器母公司最近两年的应收账款周转率、存货周转率、流动资产周转率、固定资产周转率和总资产周转率,并对其计算结果进行比较分析。

项目五

盈利能力分析

一、单项选择能力训练

1. 企业盈利能力分析是以（　　）为基础，围绕企业的生产经营活动进行的。
   A. 资产　　　　　　　　　　　　B. 负债
   C. 利润　　　　　　　　　　　　D. 收入

2. 下列指标能够反映企业投入资本获取利润能力的是（　　）。
   A. 营业毛利率　　　　　　　　　B. 营业净利率
   C. 每股收益　　　　　　　　　　D. 总资产收益率

3. 净资产收益率指是指企业在一定时期内获得的净利润与（　　）的比率。
   A. 平均总资产　　　　　　　　　B. 平均净资产
   C. 平均负债　　　　　　　　　　D. 平均固定资产

4. 市盈率是指普通股每股市价与（　　）的比率。
   A. 每股收益　　　　　　　　　　B. 每股净资产
   C. 净利润　　　　　　　　　　　D. 利润总额

5. 下列情况将会导致市净率大于1的是（　　）。
   A. 每股市价大于每股净资产　　　B. 每股市价等于每股净资产
   C. 每股市价小于每股净资产　　　D. 每股市价大于每股收益

6. 企业毛利是指（　　）。
   A. 净利润　　　　　　　　　　　B. 利润总额
   C. 营业利润　　　　　　　　　　D. 营业收入减去营业成本

7. 通过分析（　　）指标可以了解企业每一元营业收入扣除营业成本后，还有多少可以用于各项期间费用的扣除从而形成利润。
   A. 营业净利率　　　　　　　　　B. 营业毛利率
   C. 长期资本收益率　　　　　　　D. 净资产收益率

8. 市净率是（　　）的比率。
   A. 每股市价与每股收益　　　　　B. 每股市价与每股净资产
   C. 每股市价与净利润　　　　　　D. 每股市价与净资产总额

9. (　　)指标充分体现了投资者投入企业的自有资本获取利润的能力,是评价企业盈利能力的核心指标。
   A. 营业净利率　　　　　　　　　B. 营业毛利率
   C. 净资产收益率　　　　　　　　D. 总资产收益率
10. 在其他条件不变的情况下,下列经济业务可能导致总资产报酬率上升的是(　　)。
    A. 用现金支付一笔经营费用　　　B. 用银行存款购买原材料
    C. 将可转换债券转换为普通股　　D. 用银行存款归还长期借款
11. 假定其他条件不变,下列各项经济业务会导致公司总资产收益率上升的是(　　)。
    A. 收回应收账款　　　　　　　　B. 用资本公积转增股本
    C. 用银行存款购入生产设备　　　D. 用银行存款归还银行借款

二、多项选择能力训练

1. 分析企业盈利能力的指标有(　　)。
   A. 营业净利率　　　　　　　　　B. 营业毛利率
   C. 总资产收益率　　　　　　　　D. 存货周转率
2. 评价上市公司盈利能力的指标有(　　)。
   A. 市盈率　　　　　　　　　　　B. 市净率
   C. 每股收益　　　　　　　　　　D. 每股净资产
3. 可以反映企业在生产经营活动中盈利能力大小的指标有(　　)。
   A. 净资产收益率　　　　　　　　B. 总资产收益率
   C. 营业毛利率　　　　　　　　　D. 营业净利率
4. 可以反映企业投入资本盈利能力大小的指标有(　　)。
   A. 净资产收益率　　　　　　　　B. 总资产收益率
   C. 营业毛利率　　　　　　　　　D. 营业净利率
5. 企业的长期资本包括(　　)。
   A. 流动资产　　　　　　　　　　B. 非流动资产
   C. 非流动负债　　　　　　　　　D. 所有者权益
6. 企业的每股收益可以分为(　　)。
   A. 优先股每股收益　　　　　　　B. 普通股每股收益
   C. 基本每股收益　　　　　　　　D. 稀释每股收益
7. 企业总资产收益率主要取决于(　　)。
   A. 总资产周转率　　　　　　　　B. 流动比率
   C. 营业净利率　　　　　　　　　D. 净资产
8. 关于市净率分析,下列说法正确的有(　　)。
   A. 市净率大于1,说明企业资产的质量较好,有发展潜力
   B. 对于投资者来说,企业市净率越低说明其投资风险越低

C. 对于投资者来说,市净率越低的股票,其投资价值越高

D. 一般说来市净率达到 3 可以树立较好的公司形象,但在判断投资价值时还要考虑当时的市场环境以及公司经营情况、盈利能力等因素

9. 关于每股收益分析,下列说法正确的有(　　)。
   A. 每股收益是反映上市公司盈利能力的一项最基本的指标,也是上市公司股东密切关注的指标
   B. 不同的公司所在行业不同,资产结构不同,它们在相同的每股收益下的风险高低不同
   C. 每股收益越大,盈利能力越好,股利分配来源越充足,资产增值能力越强
   D. 每股收益越小,说明企业的盈利能力越差

10. 影响企业盈利能力的相关因素有(　　)。
    A. 利润结构　　　　　　　　B. 资本结构
    C. 税收政策　　　　　　　　D. 商业信誉

11. 在财务分析的需求者中,关心企业盈利能力的有(　　)。
    A. 企业所有者　　　　　　　B. 企业债权人
    C. 企业经营决策者　　　　　D. 政策经济管理机构

三、判断能力训练

1. 盈利能力是指企业在一定时期内赚取利润的能力。(　　)
2. 债权人只关心企业资产的偿债能力,不关心企业的盈利能力。(　　)
3. 当企业息税前资金利润率高于借入资金利率时,增加借入资金,可以提高净资产收益率。(　　)
4. 营业毛利指的是营业收入扣减营业成本、期间费用后的差额。(　　)
5. 对于投资机构而言,市净率比市盈率更能帮助其评估投资风险。(　　)
6. 高科技企业营业净利率普遍较高,而重工业和传统制造业的营业净利率普遍较低,所以对于该指标的分析,还需要考虑企业所在的行业。(　　)
7. 与同期同行业的营业毛利率比较,可以揭示企业在定价政策、产品或商品推销或生产成本控制方面存在的问题。(　　)
8. 净资产收益率反映了企业在不考虑投入资本来源的情况下,利用全部经济资源获取利润的能力。(　　)
9. 影响总资产收益率的因素主要取决于总资产周转速度的快慢以及净利润的大小。企业的营业净利率越大,资产周转速度越快,则总资产收益率越高。(　　)
10. 稀释每股收益是企业在一定时期内获取的净利润扣除优先股股利后的余额与发行在外普通股加权平均股数之间的比率。(　　)
11. 营业净利率涵盖了利润表的全部信息。(　　)

四、计算能力训练

【资料】某上市公司 2022 年实现净利润 60 000 万元,假设该公司无优先股,2022 年年初发行在外的普通股为 90 000 万股,6 月 30 日增发普通股 4 000 万股,10 月 1 日回购普通股 1 000 万股。

【要求】计算 2022 年该公司的基本每股收益。(最后结果保留小数点后两位数)

五、综合能力训练

1.【资料】附表一长电科技股份有限公司资产负债表数据、附表二长电科技股份有限公司利润表数据。

【要求】

（1）计算长电科技股份有限公司2021年、2020年的营业毛利率、营业净利率、净资产收益率和总资产收益率。

（2）采用比较分析法，对上述指标进行变化分析，评价公司的盈利能力。

2.【资料】某上市公司的相关财务资料如表 5-1 所示。

表 5-1　　　　　　　　　某上市公司的相关财务资料　　　　　　　　单位：万元

项　目	2022 年	2021 年	2020 年
净利润	548 473.00	352 405.40	177 071.80
净资产平均余额	2 635 555.66	2 587 353.86	2 550 439.38
发行在外普通股股数	432 842.28	432 842.28	432 842.28
每股市价	8.00	7.80	6.12

【要求】

(1) 计算该上市公司近三年的每股收益、每股净资产、市盈率和市净率。

(2) 根据计算结果对该上市公司的盈利能力进行分析和评价。

3.【资料】蓝天有限责任公司 2022 年度的资产负债表和利润表如表 5-2 和表 5-3 所示，该公司 2020 年 12 月 31 日总资产为 2 800 000 元，所有者权益为 1 421 000 元，非流动负债为 680 000 元。

表 5-2　　　　　　　蓝天有限责任公司资产负债表（简表）

编制单位：蓝天有限责任公司　　　　2022 年 12 月 31 日　　　　　　　　　　单位：元

资　产	年末余额	年初余额	负债和所有者权益	年末余额	年初余额
流动资产：			流动负债：		
货币资金	270 000	240 000	短期借款	160 000	200 000
应收账款	412 000	440 000	应付账款	480 000	360 000
存　货	880 000	860 000	应付职工薪酬	210 000	196 000
流动资产合计	1 562 000	1 540 000	流动负债合计	850 000	756 000
非流动资产：			非流动负债：		
长期股权投资	560 000	160 000	长期借款	500 000	400 000
固定资产	1 050 000	1 058 000	应付债券	200 000	200 000
无形资产	250 000	200 000	长期应付款	100 000	100 000
非流动资产合计	1 860 000	1 418 000	非流动负债合计	800 000	700 000
			负债合计	1 650 000	1 456 000
			所有者权益：		
			实收资本	720 000	720 000
			资本公积	156 000	156 000
			盈余公积	800 000	600 000
			未分配利润	96 000	26 000
			所有者权益合计	1 772 000	1 502 000
资产总计	3 422 000	2 958 000	负债和所有者权益总计	3 422 000	2 958 000

表 5-3　　　　　　　蓝天有限责任公司利润表（简表）

编制单位：蓝天有限责任公司　　　　　2022 年度　　　　　　　　　　　　单位：元

项　目	本期金额	上期金额
一、营业收入	4 360 000	3 300 000
减：营业成本	2 920 000	1 870 000
税金及附加	261 600	165 000
销售费用	560 000	280 000
管理费用	240 000	212 000

续表

项　目	本期金额	上期金额
研发费用	0	0
财务费用	96 000	90 000
其中：利息费用	52 000	40 000
加：投资收益	64 000	18 000
二、营业利润	282 400	683 000
加：营业外收入	0	0
减：营业外支出	0	0
三、利润总额	346 400	701 000
减：所得税费用	86 600	175 250
四、净利润	259 800	525 750

【要求】

(1) 根据所提供的资料分别计算蓝天有限责任公司2022年度和2021年度的以下财务分析指标：

① 营业毛利率、营业净利率。

② 净资产收益率、总资产收益率。

(2) 对蓝天有限责任公司2022年度的盈利能力进行分析和评价。

六、拓展训练

【资料】项目一拓展训练下载的格力电器母公司的资产负债表、利润表和现金流量表。

【要求】分别计算格力电器母公司最近两年的营业毛利率、营业净利率、净资产收益率和总资产收益率,并对其计算结果进行比较分析。

项目六

发展能力分析

一、单项选择能力训练

1. 可以反映股东权益账面价值增减变化的指标是( )。
   A. 权益乘数　　　　　　　　　B. 股东权益增长率
   C. 产权比率　　　　　　　　　D. 三年资本平均增长率
2. 下列项目不属于企业资产规模增加的原因的是( )。
   A. 企业发放股利　　　　　　　B. 企业对外举债
   C. 企业实现盈利　　　　　　　D. 企业发行股票
3. 如果企业某一种产品处于成长期,其营业收入增长率的特点是( )。
   A. 与上期相比变动不大　　　　B. 与上期相比变动非常小
   C. 比值比较大　　　　　　　　D. 比值比较小
4. 下列指标不可以用来表示收益增长能力的是( )。
   A. 净利润增长率　　　　　　　B. 营业利润增长率
   C. 营业收入增长率　　　　　　D. 三年利润平均增长率
5. 下列指标属于增长率指标的是( )。
   A. 产权比率　　　　　　　　　B. 资本收益率
   C. 不良资产比率　　　　　　　D. 资本积累率

二、多项选择能力训练

1. 下列指标属于企业发展能力分析指标的有( )。
   A. 资本收益率　　　　　　　　B. 资本积累率
   C. 总资产增长率　　　　　　　D. 营业利润增长率
2. 关于发展能力指标的计算公式,正确的有( )。
   A. 营业收入增长率＝本年营业收入增长额÷本年营业收入总额×100%
   B. 资本保值增值率＝年初所有者权益总额÷年末所有者权益总额×100%
   C. 资本积累率＝本年所有者权益增长额÷年初所有者权益×100%

D. 资产增长率＝(年末资产总额−年初资产总额)÷年初资产总额×100%

三、判断能力训练

1. 从长远角度看,上市公司的发展能力是决定公司股票价格上升的根本因素。(　　)
2. 企业能否持续发展对投资者和经营者至关重要,但对债权人而言相对不重要,因为他们更关心企业的变现能力。(　　)
3. 仅仅分析某一项发展能力指标,无法得出企业整体发展能力情况的结论。(　　)
4. 若两个企业的三年资本平均增长率相同,就可以判断这两个企业具有相同的资本增长趋势。(　　)
5. 净资产收益率可以反映企业运用股东投入资本创造收益的能力,而股东净投资率反映了企业利用股东新投资的程度。(　　)
6. 企业资产增长率越高,则说明企业的资产规模增长势头一定越好。(　　)
7. 要正确分析和判断一个企业营业收入的增长趋势,必须将一个企业不同时期的营业收入增长率加以比较和分析。(　　)
8. 盈利能力强的企业,其增长能力也强。(　　)
9. 在产品生命周期的成熟期,产品销售收入增长率一般趋于稳定,与上期相比变化不大。(　　)
10. 计算资本保值增值率时,期末所有者权益的计量应当考虑利润分配政策及其投入资本的影响。(　　)

四、计算能力训练

【资料】伟业公司某年度基本每股收益为0.823元,确定的利润分配预案为每10股派发股利2.5元,公司该年度营业净利率为18.66%,资产周转率为1.2,权益乘数为2.05。

【要求】计算伟业公司该年度的可持续增长率。

五、综合能力训练

1.【资料】附表一长电科技股份有限公司资产负债表数据、附表二长电科技股份有限公司利润表数据。

【要求】

(1) 计算长电科技股份有限公司 2021 年、2020 年的营业收入增长率、净利润增长率、资本积累率、资产增长率、可持续增长率。2021 年公司的股利支付率为 11.63%,2020 年公司的股利支付率为 6.17%。

(2) 采用比较分析法,对上述指标进行变化分析,评价公司的发展能力。

2.【资料】宏达公司 2022 年、2021 年、2020 年的资产负债表和利润表主要财务数据如表 6-1 和表 6-2 所示。

表 6-1　　　　　　　　　　宏达公司资产负债表主要数据　　　　　　　　单位：万元

项　目	2022 年 12 月 31 日	2021 年 12 月 31 日	2020 年 12 月 31 日
资产总额	1 223.10	854.54	473.95
货币资金	209.78	170.47	107.44
应收账款	9.23	8.65	3.65
其他应收款	34.96	21.64	6.71
负债总额	904.18	561.75	324.66
流动负债	645.54	420.74	220.16
股东权益总额	318.92	292.79	149.29
股本	109.95	68.72	43.70
资本公积	78.53	128.30	54.32
盈余公积	65.82	53.95	44.02
未分配利润	64.62	41.82	7.25

表 6-2　　　　　　　　　　宏达公司利润表主要数据　　　　　　　　　　单位：万元

项　目	2022 年	2021 年	2020 年
一、营业收入	429.92	355.27	179.18
减：营业成本	245.95	198.95	89.09
税金及附加	23.98	22.38	9.72
销售费用	18.60	11.95	6.62
管理费用	15.31	17.64	8.59
财务费用	6.57	3.60	1.40
加：公允价值变动收益	2.58	1.84	1.2
投资收益	2.09	2.08	1.71
二、营业利润	124.18	104.67	66.67
加：营业外收支净额	0.43	0.11	0.08
三、利润总额	124.61	104.78	66.75
减：所得税费用	31.15	26.20	16.69
四、净利润	93.46	78.58	50.06

【要求】分别计算宏达公司 2021 年度和 2022 年度的相关指标并进行相关分析：
(1) 计算营业收入增长率并分析营业收入增长的效益和趋势。
(2) 计算净利润增长率并分析净利润增长的来源与趋势。

(3) 计算所有者权益增长率并分析所有者权益增长的因素与趋势。
(4) 计算资产增长率并分析资产增长的规模是否适当,来源是否合理,趋势是否稳定。

六、拓展训练

【资料】项目一拓展训练下载的格力电器母公司的资产负债表、利润表和现金流量表。

【要求】分别计算格力电器母公司最近两年的营业收入增长率、净利润增长率、资本积累率和资产增长率,并对其计算结果进行比较分析。

项目七

现金流量分析

一、单项选择能力训练

1. 下列选项不属于"销售商品、提供劳务收到的现金"的是（　　）。
   A. 应收票据增减数　　　　　　　B. 应收账款增减数
   C. 预付账款增减数　　　　　　　D. 预收账款增减数

2. 下列业务不影响现金流量的是（　　）。
   A. 商业汇票的贴现　　　　　　　B. 收回以前年度已确认的坏账
   C. 收到银行存款利息　　　　　　D. 预提借款利息

3. 吸收权益性投资收到的现金属于（　　）所产生的现金流量。
   A. 经营活动　　　　　　　　　　B. 投资活动
   C. 筹资活动　　　　　　　　　　D. 资金运动

4. 下列选项不属于企业筹资活动的是（　　）。
   A. 分配股利　　　　　　　　　　B. 发行股票
   C. 发行债券　　　　　　　　　　D. 购置固定资产

5. 下列指标最能反映盈利质量的是（　　）。
   A. 流动比率　　　　　　　　　　B. 盈余现金保障倍数
   C. 利息现金流量保障倍数　　　　D. 营业毛利率

6. 在公司高速成长阶段，投资活动现金流入量往往（　　）流出量。
   A. 大于　　　　　　　　　　　　B. 等于
   C. 小于　　　　　　　　　　　　D. 无法判断

7. 下列关于经营活动现金净流量整体质量分析的表述错误的是（　　）。
   A. 经营活动现金净流量小于零是最糟糕的情况，经营中现金"入不敷出"
   B. 经营活动现金净流量等于零意味着经营过程中的现金"收支平衡"，这种情况对企业发展是较好的
   C. 经营活动现金净流量大于零意味着企业生产经营比较正常，具有"自我造血"功能
   D. 经营活动现金净流量大于零且能够补偿当期发生的非付现成本意味着企业可以

抽出长期资金进行投资,从而增加企业的竞争能力

8. 下列各项现金流出,不属于企业现金流量表中筹资活动产生的现金流量的有(　　)。
　　A. 归还应付账款　　　　　　　　B. 偿还短期借款
　　C. 发放现金股利　　　　　　　　D. 支付借款利息

二、多项选择能力训练

1. 我国现金流量表的现金流量分为(　　)。
　　A. 经营活动产生的现金流量　　　B. 投资活动产生的现金流量
　　C. 筹资活动产生的现金流量　　　D. 分配活动产生的现金流量
2. 经营活动产生的现金流入,除销售商品、提供劳务而产生的现金流入外,还有(　　)。
　　A. 收到的税费返还　　　　　　　B. 投资国债的利息收入
　　C. 借款收到的现金　　　　　　　D. 收到的其他与经营活动有关的现金
3. 下列选项属于投资活动产生的现金流量的有(　　)。
　　A. 处置固定资产的收入　　　　　B. 购置固定资产支付的现金
　　C. 取得的投资收益　　　　　　　D. 收回投资本金
4. 现金流量债务风险分析采用的指标主要有(　　)。
　　A. 现金流动负债比率　　　　　　B. 现金债务总额比率
　　C. 利息现金流量保障倍数　　　　D. 现金净流量全部债务比率
5. 现金流量表中的现金所包括的具体内容有(　　)。
　　A. 长期股权投资　　　　　　　　B. 银行存款
　　C. 库存现金　　　　　　　　　　D. 债权投资
6. 现金流量表分析的目的包括(　　)。
　　A. 评价企业利润质量　　　　　　B. 分析企业财务风险
　　C. 评价企业风险水平和抗风险能力　D. 预测企业未来现金流量
7. 下列经营活动现金流量的项目,财务分析人员应重点关注的有(　　)。
　　A. 销售商品、提供劳务收到的现金
　　B. 收到的其他与经营活动有关的现金
　　C. 购买商品、接受劳务支付的现金
　　D. 支付的其他与经营活动有关的现金
8. 投资活动现金净流量小于零可能的结果有(　　)。
　　A. 投资收益显著
　　B. 投资收益状况较差
　　C. 出现财务危机不得不处置长期资产以补偿日常活动现金需求
　　D. 企业当期有较大的对外投资,对企业长远发展有利

三、判断能力训练

1. 企业支付所得税将引起筹资活动现金流量的增加。（   ）
2. 利息支出将对筹资活动现金流量产生影响。（   ）
3. 企业分配股利必然引起现金流出量增加。（   ）
4. 经营活动产生的现金流量大于零,说明企业盈利。（   ）
5. 若企业连续多年盈余现金保障倍数低于1,应该引起分析者警觉。（   ）
6. 固定资产折旧的变动不影响当期现金流量的变动。（   ）
7. 投资活动现金净流量大于零说明企业投资收益显著。（   ）
8. 对于一个健康的、正在成长的公司来说,经营活动现金净流量一般应大于零,投资活动现金净流量应大于零,筹资活动的现金净流量应正负相间。（   ）

四、计算能力训练

【资料】附表一长电科技股份有限公司资产负债表、附表二长电科技股份有限公司利润表和附表三长电科技股份有限公司现金流量表的数据。

【要求】计算长电科科技股份有限公司2021年、2020年的销售收现比率、总资产现金回收率、净资产现金回收率、盈余现金保障倍数、现金流动负债比率、现金债务总额比率、利息现金流量保障倍数和现金净流量全部债务比率。

五、综合能力训练

【资料】2021 年长电科技股份有限公司同业水平如表 7-1 所示。

表 7-1　　2021 年长电科技股份有限公司同业水平

指标名称	2021 年同业水平
总资产现金回收率	8.40%
盈余现金保障倍数	0.80%
现金流动负债比率	14.10%
净资产现金回收率	8.16%

【要求】

（1）结合以上所给的同业标准，从现金流量角度分析长电科技股份有限公司的盈利质量、债务风险水平。

（2）根据 2021 年、2020 年现金流量相关指标，对长电科技股份有限公司的盈利质量、债务风险作比较分析。

六、拓展训练

【资料】项目一拓展训练下载的格力电器母公司的资产负债表、利润表和现金流量表。

【要求】分别计算格力电器母公司最近两年的销售收现比率、总资产现金回收率、盈余现金保障倍数、利息现金流量保障倍数、到期债务本息偿付比率和净资产现金回收率,并对其计算结果进行比较分析。

项目八

综合分析

一、单项选择能力训练

1. 下列关于沃尔评分法的说法不正确的是(　　)。
   A. 沃尔评分法虽未说明选择 7 个比率的原因,却详细说明了其标准值是如何确定的
   B. 沃尔评分法将分散的财务指标通过一个加权体系综合起来
   C. 沃尔评分法的优点在于简单易用、便于操作
   D. 沃尔评分法在分析过程中未能证明各个财务比率所占权重的合理性
2. 沃尔评分法的各个步骤,最为关键也最为困难的是(　　)。
   A. 选择财务比率
   B. 确定各项财务比率的权重和标准值
   C. 计算各项财务比率的实际值
   D. 计算综合得分
3. 下列有关权益乘数的表述错误的是(　　)。
   A. 主要受资产负债率的影响
   B. 权益乘数越高,企业的负债程度越高
   C. 权益乘数越高,企业利用财务杠杆的作用越大
   D. 权益乘数越高,企业财务风险越小
4. 杜邦财务分析的核心指标是(　　)。
   A. 净资产收益率　　　　　　　　B. 总资产收益率
   C. 营业毛利率　　　　　　　　　D. 营业净利率
5. 利用各主要财务比率指标间内在联系,对企业财务状况及经济效益进行综合分析和评价的方法是(　　)。
   A. 综合系数分析法　　　　　　　B. 杜邦分析法
   C. 沃尔比重评分法　　　　　　　D. 预警分析法
6. 净资产收益率是权益乘数与(　　)的乘积。
   A. 营业净利率　　　　　　　　　B. 资产周转率

C. 总资产收益率　　　　　　　　D. 净资产收益率

7. 某股份有限公司资产负债率当年为40%,平均资产总额为2 000万元,利润总额为300万元,所得税为87万元,则该公司当年的净资产收益率为(　　)。

A. 13.4%　　　　　　　　　　　B. 14.67%

C. 17.75%　　　　　　　　　　　D. 22%

8. (　　)又称为综合评分法,它通过对选定的多项财务比率进行评分,然后计算综合得分,并据此评价企业综合的财务状况。

A. 沃尔比重评分法　　　　　　B. 杜邦分析法

C. 综合系数分析法　　　　　　D. 综合判断法

9. (　　)反映了企业税后净利润与企业营业收入的关系,是提高企业盈利能力的关键所在。

A. 总资产周转率　　　　　　　B. 净资产收益率

C. 营业净利率　　　　　　　　D. 权益乘数

10. 甲公司上年的营业净利率为5%,资产周转率为2.4次;今年的营业净利率为5.4%,资产周转率为2.2次。资产负债率没有发生变化,则甲公司今年的净资产收益率比上年(　　)。

A. 升高　　　　　　　　　　　B. 降低

C. 相等　　　　　　　　　　　D. 无法判断

11. 产权比率与权益乘数之间的关系是(　　)。

A. 产权比率×权益乘数=1

B. 权益乘数=1÷(1-产权比率)

C. 权益乘数=(1+产权比率)÷产权比率

D. 权益乘数=1+产权比率

12. 下列等式不正确的是(　　)。

A. 总资产收益率=营业净利率×总资产周转率

B. 净资产收益率=营业净利率×权益乘数

C. 速动比率=速动资产÷流动负债

D. 权益乘数=1÷(1-资产负债率)

二、多项选择能力训练

1. 提高净资产收益率的根本途径在于(　　)。

A. 扩大销售　　　　　　　　　B. 节约成本开支

C. 加速资金周转　　　　　　　D. 优化资本结构

2. 沃尔评分法在理论上存在一定的缺陷,包括(　　)。

A. 未能说明为什么选择这7个比率

B. 未能证明各个财务比率所占权重的合理性

C. 未能说明财务比率的标准值是如何确定的

D. 难以掌握,比较复杂

3. 用来分析净资产收益率变化原因的指标有(　　)。
　　A. 资产周转率　　　　　　　　　B. 资产负债率
　　C. 利息保障倍数　　　　　　　　D. 营业净利率
4. 财务综合分析与评价有很多种思路和方法,其中最常用的几种方法是(　　)。
　　A. 比较分析法　　　　　　　　　B. 杜邦分析法
　　C. 趋势分析法　　　　　　　　　D. 沃尔比重评分法
5. 下列关于杜邦财务分析的叙述正确的有(　　)。
　　A. 净资产收益率是杜邦分析系统的核心
　　B. 营业净利率的高低取决于营业收入与营业成本的高低
　　C. 资产结构的合理与否将直接影响资产的周转速度
　　D. 权益乘数主要受资产负债率指标的影响
6. 在对企业进行业绩评价时,下列指标属于评价企业盈利能力的基本指标的是(　　)。
　　A. 流动资产周转率　　　　　　　B. 固定资产周转率
　　C. 净资产收益率　　　　　　　　D. 总资产收益率
7. 财务业绩定量评价指标由反映企业(　　)等四方面的基本指标和修正指标构成,用于综合评价企业财务报表所反映的经营绩效状况。
　　A. 获利能力状况　　　　　　　　B. 资产质量状况
　　C. 债务风险状况　　　　　　　　D. 经营增长状况

三、判断能力训练

1. 沃尔比重评分法中选择的财务比率最好具有变化方向的一致性,即财务比率增大表示财务状况的改善,财务比率减小表示财务状况的恶化。(　　)
2. 杜邦分析是利用了各个财务比率之间的内在联系对企业的财务状况进行分析的。(　　)
3. 权益乘数越大,说明企业财务杠杆程度越低,偿债能力相对越强。(　　)
4. 在沃尔评分法中计算综合得分,当综合得分超过80分时,说明企业综合财务状况优于行业的平均水平。(　　)
5. 业绩评价指标由财务业绩定量评价指标和管理业绩定性评价指标两大体系构成。(　　)

四、计算能力训练

1.【资料】附表一长电科技股份有限公司资产负债表、附表二长电科技股份有限公司利润表的数据。

【要求】
（1）计算长电科技股份有限公司 2021 年、2020 年的净资产收益率。
（2）运用杜邦分析原理，利用因素分析法定量分析该公司净资产收益率变化的原因。

2.【资料】某公司 2022 年上半年部分财务指标如表 8-1 所示。

表 8-1　　　　　　　　　某公司 2022 年上半年部分财务指标

财务指标	计　划	实　际
营业净利率	7.5%	8.0%
总资产周转率	0.12	0.10
资产负债率	50%	75%

【要求】计算该公司 2022 年上半年计划和实际的净资产收益率,并运用杜邦分析原理定量分析该公司净资产收益率实际偏离计划的原因。

3.【资料】某公司某年的财务状况综合情况如表 8-2 所示。

表 8-2　　　　　　　　　某公司某年的财务状况综合情况

财务比率	权重	标准值	实际值	相对值	评分
一、盈利能力	48				
1. 净资产收益率	15	4%	3.5%		
2. 总资产收益率	15	1.5%	1.54%		
3. 营业净利率	18	0.8%	1.25%		
二、偿债能力	28				
1. 流动比率	10	1.1	1.24		
2. 股权比率	8	0.2	0.36		
3. 利息保障倍数	10	3	3.2		
三、营运能力	24				
1. 存货周转率	8	4.2	3.8		
2. 应收账款周转率	8	12	10		
3. 总资产周转率	8	1.4	1.3		
合计	100				

【要求】计算该公司各项财务指标的相对值及相关评分值,并对该公司的综合财务状况进行评价。

五、综合能力训练

1.【资料】某企业 2022 年有关财务资料如下：年末流动比率为 2.1，年末速动比率为 1.2，存货周转率为 5 次；年末资产总额为 160 万元（年初 160 万元），年末流动负债为 14 万元，年末长期负债为 42 万元，年初存货成本为 15 万元；营业收入为 128 万元，管理费用为 9 万元，利息费用为 10 万元；所得税率为 25%。

【要求】

（1）计算该企业 2022 年年末流动资产总额、年末资产负债率、权益乘数和总资产周转率。

（2）计算该企业 2022 年年末存货成本、营业成本、净利润、营业净利率和净资产收益率。

2.【资料】某企业近两年的有关资料如表 8-3 所示。

表 8-3　　　　　　　　　　　某企业近两年的有关资料

项　目	2021 年	2022 年
总资产/万元	1 500	1 600
营业收入/万元	3 900	3 500
流动比率	1.2	1.26
存货周转率	7.8	6
平均收现期/天	20	26
营业毛利率	17%	15%
营业净利率	5%	3%
总资产周转率/次	2.6	2.3
总资产收益率	13%	6.9%

【要求】

（1）利用杜邦分析体系全面分析该企业运用资产盈利能力的变化及其原因。

（2）采用因素分析法确定各因素变动对总资产收益率的影响程度。

（3）根据分析结果提出改进的措施。

六、拓展训练

【资料】项目一拓展训练下载的格力电器母公司的资产负债表、利润表和现金流量表。

【要求】

（1）分别计算格力电器母公司最近两年的净资产收益率。

（2）运用杜邦分析原理，利用因素分析法定量分析该公司净资产收益率变化的原因。

项目九

财务报表附注分析

一、单项选择能力训练

1. 财务报表的编制基础是(　　)。
   A. 会计主体　　　　　　　　B. 持续经营
   C. 会计分期　　　　　　　　D. 货币计量
2. 下列选项不属于财务比率分析内容的是(　　)。
   A. 变现能力比率　　　　　　B. 资产管理比率
   C. 负债比率　　　　　　　　D. 成本控制

二、多项选择能力训练

1. 通过阅读财务报表附注,会计信息使用者可以了解企业的(　　)。
   A. 会计假设　　　　　　　　B. 会计政策和会计估计变更
   C. 关联方关系及其交易　　　D. 资产负债表日后事项等内容
2. 下列选项属于财务报表附注内容的有(　　)。
   A. 企业的基本情况　　　　　B. 财务报表的编制基础
   C. 遵循企业会计准则的声明　D. 重要会计估计的说明
3. 分析企业盈利能力时,应当排除(　　)因素。
   A. 证券买卖等非常项目
   B. 已经或将要停止的营业项目
   C. 重大事故或法律更改等特别项目
   D. 会计准则和财务制度变更带来的累积影响

三、判断能力训练

1. 财务报表附注是对财务报表正文信息的补充说明,是财务报表的重要组成部分。(   )

2. 变现能力分析应该结合财务报表附注,如果存在或有负债,显然会减弱企业流动资产的变现能力。(   )

四、拓展训练

【要求】登陆"新浪财经"等网站,收集上市公司格力电器股份有限公司(代码:000651)的下列资料:

(1) 不符合会计核算前提的说明。
(2) 重要会计政策和会计估计的说明。
(3) 重要会计政策和会计估计变更的说明。
(4) 或有事项的说明。
(5) 资产负债表日后事项的说明。
(6) 重要资产转让及其出售的说明。
(7) 会计报表重要项目的说明。

附 录

附表一 资产负债表——长电科技股份有限公司 单位：元

项　目	2021年12月31日	2020年12月31日	2019年12月31日
流动资产：			
货币资金	969 928 386.50	1 157 677 405.33	1 318 770 583.65
交易性金融资产	1 490 000 000.00	5 000 000.00	
衍生金融资产	3 770 973.35		
应收票据			
应收账款	960 672 113.03	1 279 566 134.47	1 056 204 426.97
应收账款融资	25 560 716.69	33 171 819.76	65 281 704.43
预付款项	27 025 169.86	26 000 070.68	35 572 750.39
其他应收款	1 361 333 497.68	1 186 875 519.96	1 026 655 629.46
其中：应收利息			
应收股利	1 100 000 000.00		
存货	620 082 237.84	576 991 522.74	1 168 290 205.44
合同资产			
持有待售资产	16 687 511.08		
一年内到期的非流动资产			137 458 152.98
其他流动资产	632 066 823.30	185 060 699.50	68 899 132.54
流动资产合计	6 107 127 429.33	4 450 343 172.44	4 877 132 585.86
非流动资产：			
债权投资			
其他债权投资			
长期应收款			
长期股权投资	11 004 162 410.13	9 249 191 301.94	9 036 334 298.32
其他权益工具投资			21 562 824.00
其他非流动金融资产			
投资性房地产	92 576 747.19	96 204 052.98	99 877 458.60

续表

项　目	2021年12月31日	2020年12月31日	2019年12月31日
固定资产	5 011 346 326.40	4 945 272 821.09	4 865 014 473.16
在建工程	134 722 502.68	315 565 575.96	374 655 952.83
生产性生物资产			
油气资产			
使用权资产			
无形资产	183 782 072.97	213 788 076.13	217 714 252.13
开发支出			
商誉			
长期待摊费用	74 747.71	124 579.63	872 210.24
递延所得税资产	74 611 124.46	82 758 886.05	77 335 735.79
其他非流动资产			
非流动资产合计	16 501 275 931.54	14 902 905 293.78	14 693 367 205.07
资产总计	22 608 403 360.87	19 353 248 466.22	19 570 499 790.93
流动负债：			
短期借款	686 961 355.72	2 565 775 430.50	3 396 420 893.70
交易性金融负债	110 036 000.00	110 036 000.00	110 036 000.00
衍生金融负债			
应付票据	556 300 000.00	473 305 000.00	1 198 000 000.00
应付账款	782 107 600.72	927 397 786.21	1 544 130 428.80
预收款项			52 845 172.13
合同负债	133 863 260.28	89 154 917.57	
应付职工薪酬	309 758 276.89	276 604 714.45	222 945 816.32
应交税费	49 253 763.46	17 715 330.26	9 970 879.34
其他应付款	1 144 940 105.61	470 178 374.43	554 568 621.04
其中：应付利息			
应付股利			
持有待售负债			
一年内到期的非流动负债	175 100 560.00	1 102 936 666.61	728 396 470.32
其他流动负债	623 674.02	11 046 168.49	
流动负债合计	3 948 944 596.70	6 044 150 388.52	7 817 314 281.65
非流动负债：			
长期借款	526 983 998.09	917 500 000.00	756 384 999.98

续表

项　目	2021年12月31日	2020年12月31日	2019年12月31日
应付债券		998 628 412.66	
其中：优先股			
永续债			
租赁负债			
长期应付款			
长期应付职工薪酬	7 232 361.20	141 061.20	159 156.20
预计负债			
递延收益	152 952 149.38	166 457 412.51	161 053 042.63
递延所得税负债			
其他非流动负债			
非流动负债合计	687 168 508.67	2 082 726 886.37	917 597 198.81
负债合计	4 636 113 105.37	8 126 877 274.89	8 734 911 480.46
股东权益			
股本	1 779 553 000.00	1 602 874 555.00	1 602 874 555.00
其他权益工具			
其中：优先股			
永续债			
资本公积	15 626 204 997.42	10 836 888 994.58	10 836 888 994.58
减：库存股			
其他综合收益	3 770 973.35		−2 509 176.00
专项储备			
盈余公积	173 589 016.24	120 461 247.52	122 283 975.32
未分配利润	389 172 268.49	−1 333 853 605.77	−1 723 950 038.43
股东权益	17 972 290 255.50	11 226 371 191.33	10 835 588 310.47
负债和股东权益总计	22 608 403 360.87	19 353 248 466.22	19 570 499 790.93

附表二　　　　利润表——长电科技股份有限公司　　　　　　　　单位：元

项　目	2021年	2020年	2019年
一、营业收入	8 978 822 310.53	8 207 407 453.42	8 323 137 574.88
减：营业成本	7 177 605 276.57	6 907 283 246.16	7 145 373 646.32
税金及附加	30 568 979.98	26 378 726.36	15 701 613.55
销售费用	55 117 100.90	76 429 469.69	85 815 375.30

续表

项 目	2021年	2020年	2019年
管理费用	398 988 225.64	452 532 846.99	458 753 371.32
研发费用	425 246 646.70	397 427 988.22	349 758 873.99
财务费用	84 657 389.74	259 055 590.91	337 901 916.05
其中：利息费用	112 552 161.61	238 420 762.22	304 879 419.22
利息收入	28 213 914.29	22 701 181.78	22 600 384.37
加：其他收益	45 230 367.15	74 131 785.20	46 471 056.61
投资收益（损失以"-"号填列）	1 127 910 085.29	270 964 183.20	4 048 302.26
其中：对联营企业和合营企业的投资收益	-1 535 400.00	2 857 003.62	4 039 662.26
以摊余成本计量的金融资产终止确认收益（损失以"-"号填列）			
净敞口套期收益（损失以"-"号填列）			
公允价值变动收益（损失以"-"号填列）	1 774 600.00	—	
信用减值损失（损失以"-"号填列）	14 425 695.78	-10 363 993.06	-17 123 915.43
资产减值损失（损失以"-"号填列）	-51 195 028.16	-17 686 651.77	-264 870 700.88
资产处置收益（损失以"-"号填列）	9 588 716.53	-703 858.44	399 137.31
二、营业利润（亏损以"-"号填列）	1 954 373 127.59	404 641 050.22	-301 243 341.78
加：营业外收入	794 133.64	5 311 928.25	16 941.75
减：营业外支出	11 923 154.87	8 846 690.87	32 914 718.64
三、利润总额（亏损总额以"-"号填列）	1 943 244 106.36	401 106 287.60	-334 141 118.67
减：所得税费用	78 112 813.38	-5 394 695.26	-60 845 907.41
四、净利润（净亏损以"-"号填列）	1 865 131 292.98	406 500 982.86	-273 295 211.26
（一）持续经营净利润（净亏损以"-"号填列）	1 865 131 292.98	406 500 982.86	-273 295 211.26
（二）终止经营净利润（净亏损以"-"号填列）			
五、其他综合收益的税后净额	3 770 973.35		-2 538 248.00

续表

项目	2021年	2020年	2019年
（一）不能重分类进损益的其他综合收益			−2 538 248.00
1. 重新计量设定受益计划变动额			
2. 权益法下不能转损益的其他综合收益			
3. 其他权益工具投资公允价值变动			−2 538 248.00
4. 企业自身信用风险公允价值变动			
（二）将重分类进损益的其他综合收益	3 770 973.35		
1. 权益法下可转损益的其他综合收益			
2. 其他债权投资公允价值变动			
3. 金融资产重分类计入其他综合收益的金额			
4. 其他债权投资信用减值准备			
5. 现金流量套期储备	3 770 973.35		
6. 外币财务报表折算差额			
六、综合收益总额	1 868 902 266.33	406 500 982.86	−275 833 459.26
七、每股收益			
（一）基本每股收益			
（二）稀释每股收益			

附表三 现金流量表——长电科技股份有限公司 单位：元

项目	2021年	2020年	2019年
一、经营活动产生的现金流量			
销售商品、提供劳务收到的现金	10 266 797 004.10	8 820 892 040.92	8 550 372 329.56
收到的税费返还	13 117 500.05	80 906 258.57	225 857 061.06
收到的其他与经营活动有关的现金	304 545 027.06	621 738 645.05	66 446 778.48
经营活动现金流入小计	10 584 459 531.21	9 523 536 944.54	8 842 676 169.10
购买商品、接受劳务支付的现金	6 550 632 269.69	7 494 962 888.01	6 389 490 375.77

续表

项　目	2021 年	2020 年	2019 年
支付给职工以及为职工支付的现金	1 007 004 990.06	1 084 321 183.99	958 993 092.22
支付的各项税费	73 465 067.17	887 177.13	70 487 306.36
支付的其他与经营活动有关的现金	173 822 795.01	185 513 181.43	331 760 048.65
经营活动现金流出小计	7 804 925 121.93	8 765 684 430.56	7 750 730 823.00
经营活动产生的现金流量净额	2 779 534 409.28	757 852 513.98	1 091 945 346.10
二、投资活动产生的现金流量			
收回投资所收到的现金	3 308 010 246.71	5 880 722.00	72 742 469.17
取得投资收益所收到的现金	31 220 085.29	268 071 179.58	30 008 640.00
处置固定资产、无形资产和其他长期资产所收回的现金净额	107 719 404.22	24 136 344.62	7 259 910.88
处置子公司及其他营业单位收到的现金净额			
收到的其他与投资活动有关的现金	707 552 106.59	425 391 325.45	414 002 698.76
投资活动现金流入小计	4 154 501 842.81	723 479 571.65	524 013 718.81
购建固定资产、无形资产和其他长期资产所支付的现金	909 586 887.77	994 347 469.83	918 403 604.75
投资所支付的现金	5 615 000 000.00	215 000 000.00	1 490 230 000.00
取得子公司及其他营业单位支付的现金净额			
支付其他与投资活动有关的现金	1 085 076 606.94	615 496 372.86	187 704 391.85
投资活动现金流出小计	7 609 663 494.71	1 824 843 842.69	2 596 337 996.60
投资活动产生的现金流量净额	-3 455 161 651.90	-1 101 364 271.04	-2 072 324 277.79
三、筹资活动产生的现金流量			
吸收投资收到的现金	4 965 019 993.54		
取得借款收到的现金	3 505 132 699.09	8 472 360 501.15	6 898 990 000.00
收到其他与筹资活动有关的现金		141 919 785.29	128 700 000.00
筹资活动现金流入小计	8 470 152 692.63	8 614 280 286.44	7 027 690 000.00
偿还债务支付的现金	7 666 442 979.60	7 528 597 114.73	5 674 566 900.00
分配股利、利润或偿付利息所支付的现金	236 016 087.37	224 464 570.95	302 265 438.36
支付其他与筹资活动有关的现金	5 886 000.00	52 593 217.86	750 340 982.58
筹资活动现金流出小计	7 908 345 066.97	7 803 654 903.54	6 727 173 320.94
筹资活动产生的现金流量净额	561 807 625.66	808 625 382.90	300 516 679.06

续表

项　目	2021年	2020年	2019年
四、汇率变动对现金及现金等价物的影响	-2 417 967.90	-4 605 160.53	3 472 311.48
五、现金及现金等价物净增加额	-116 237 584.86	460 508 465.31	-676 389 941.15
加：期初现金及现金等价物余额	1 086 163 971.36	625 657 506.05	1 302 047 447.20
六、期末现金及现金等价物余额	989 928 386.50	1 086 165 971.36	625 657 506.05

答 案

项目一　阅读财务报表分析

一、单项选择能力训练
1. D　2. D　3. B　4. D　5. A　6. C　7. C

二、多项选择能力训练
1. ABCD　2. ABC　3. ABCD　4. ABCD　5. ABCD　6. ABCD　7. ABC　8. ABCD
9. BCD　10. ABC

三、判断能力训练
1. ×　2. ×　3. √　4. √　5. √　6. ×　7. ×

四、计算能力训练

产量因素变动的影响 = (400−300)×15×10
　　　　　　　　　　 = 15 000(元)

单位产品材料消耗量变动的影响 = 400×(14−15)×10
　　　　　　　　　　　　　　　 = −4 000(元)

材料单价变动的影响 = 400×14×(12−10)
　　　　　　　　　　 = 11 200(元)

产量、单耗和单价的变动对成本的总影响 = 15 000−4 000+11 200
　　　　　　　　　　　　　　　　　　　 = 22 200(元)

五、综合能力训练

1.（1）2021年公司资产总额增加了3 255 154 894.65元(22 608 403 360.87−19 353 248 466.22)，增幅达16.82%。

（2）2021年公司变化金额最大的资产项目是长期股权投资(增加了1 754 971 108.19元)；变化最小的资产项目是长期待摊费用(减少了49 831.92元)。

（3）2021年公司的资产构成以长期股权投资为主，最主要的三个资产项目分别是：长期股权投资、固定资产和交易性金融资产。

（4）2021年度与2020年度相比，公司的存货项目增加了43 090 715.10元。

（5）2021年公司的资金来源中，权重最大的项目是资本公积，占比达69.12%；2021年度变化最大的权益项目是资本公积，增加了4 789 316 002.84元。

（6）2021年与2020年相比，公司资产总额增加了3 255 154 894.65元，增长幅度达16.82%，其中流动资产增加了1 656 784 256.89元，增长幅度为37.23%；非流动资产增长了1 598 370 637.76元，增长幅度为10.73%；流动资产中交易性金融资产、应收股利的增长金额较大,其中增长绝对数最大的是交易性金融资产,2021 年比 2020 年增加了 1 485 000 000.00元,应收股利也增加了 1 100 000 000.00 元;2021 年与 2020 年相比,货币资金减少了 187 749 018.83元,应收账款也减少了 318 894 021.44 元,说明公司的投资方向发生了变化,公司增加了对外投资,减少了对内投资。

公司的资金来源,2021 年与 2020 年相比发生了较大的变化,主要是短期借款、长期借款和应付债券大幅减少,说明公司降低了财务风险。总的来说,长电公司的非流动资产占资产总额的 72.99%,而提供长期资金的长期借款和所有者权益资金占资金来源总额的82.53%,公司的资金结构与资产结构搭配合理,但稍显保守。

2.(1)公司营业利润占利润总额的比例情况见表 1.1。

表1.1　　　　　　　　公司营业利润占利润总额的比例情况

项目	2021 年	2020 年	2019 年
利润总额	1 943 244 106.36	401 106 287.60	-334 141 118.67
营业利润	1 954 373 127.59	404 641 050.22	-301 243 341.78
营业利润占利润总额的比例	100.57%	100.88%	90.15%

从表 1.1 整理计算的数据可以看出,2021 年、2020 年公司的营业利润占利润总额的比例分别为 100.57%、100.88%;2019 年公司亏损 334 141 118.67 元,其中营业利润(亏损)占90.15%,说明公司的盈利或亏损主要来自企业日常经营活动。

(2)公司营业利润、利润总额、净利润变动情况如表 1.2 所示。

表1.2　　　　　　　　公司营业利润、利润点额、净利润变动情况

项目	2020 年比 2019 年		2021 年比 2020 年	
	增减金额/元	增减幅度	增减金额/元	增减幅度
营业利润	705 884 392.00	—	1 549 732 077.37	382.99%
利润总额	735 247 406.27	—	1 542 137 818.76	384.47%
净利润	679 796 194.12	—	1 458 630 310.12	358.83%

从表 1.2 中整理计算的数据可以看出,2021 年公司的营业利润、利润总额、净利润均发生了大幅的增长,克服了疫情对公司带来的不利影响。从项目对比结果看,公司发展变化令人满意,不过还要与计划、预算及同行业的其他企业再做比较。

六、拓展训练

略。

项目二　短期偿债能力分析

一、单项选择能力训练

1. D　2. A　3. B　4. A　5. D　6. D　7. B　8. B　9. C　10. D　11. B　12. C

13. D

二、多项选择能力训练

1. AB 2. ACD 3. AC 4. ABC 5. BC 6. ABD

三、判断能力训练

1. √ 2. √ 3. √ 4. √ 5. √ 6. × 7. √

四、计算能力训练

1.（1）计算长电科技股份有限公司的营运资金、流动比率、速动比率和现金比率,结果如表 2.1 所示。

表 2.1　　长电科技股份有限公司短期偿债能力指标

指标	2021 年	2020 年	2019 年
营运资金	2 158 182 832.63	−1 593 807 216.08	−2 940 181 695.79
流动比率	1.55	0.74	0.62
速动比率	1.22	0.61	0.44
现金比率	0.62	0.19	0.17

（2）营运资金由负转正,说明企业的经营活动所需资金得到满足;流动比率、速动比率、现金比率近三年均呈递增趋势,说明公司的短期偿债能力越来越强。

2.（1）该公司流动负债年末余额 = 270÷3
　　　　　　　　　　　　　 = 90（万元）

（2）存货年末余额 = 270−90×1.5
　　　　　　　　 = 135（万元）

存货年平均余额 = (135+145)÷2
　　　　　　　 = 140（万元）

3.（1）流动资产 = 820 000+160 000−80 000−18 000
　　　　　　　 = 882 000（元）

流动负债 = 820 000÷1.6+80 000+(46 000 −18 000)
　　　　 = 620 500（元）

营运资金 = 882 000−620 500
　　　　 = 261 500（元）

（2）流动比率 = 882 000÷620 500
　　　　　　 = 1.42

（3）购买商品时用去了现金并产生应付账款,购置车辆时导致银行存款的减少和应付票据的增加。虽然流动资产和流动负债均有所上升,但流动负债上升的幅度远远大于流动资产上升的幅度,导致流动比率降低。

五、拓展训练

略。

项目三 长期偿债能力分析

一、单项选择能力训练

1. B 2. D 3. A 4. A 5. D 6. A 7. A 8. A 9. C 10. B 11. A 12. C 13. A 14. C 15. B 16. D 17. C

二、多项选择能力训练

1. ABC 2. ACD 3. CD 4. ABCD 5. ABD 6. ACD 7. ABCD 8. ABD 9. AD 10. ABCD

三、判断能力训练

1. × 2. × 3. √ 4. × 5. × 6. √ 7. × 8. √ 9. × 10. × 11. × 12. √ 13. √

四、计算能力训练

1.（1）计算长电科技股份有限公司的利息保障倍数、资产负债率、产权比率和权益乘数,结果如表3.1所示。

表3.1　　　　　　长电科技股份有限公司长期偿债能力指标

指标	2021年	2020年	2019年
利息保障倍数	18.27	2.68	−0.10
资产负债率	20.51%	41.99%	44.63%
产权比率	0.26	0.72	0.81
权益乘数	1.26	1.72	1.81

（2）2021年公司利息保障倍数18.27,较2020年有大幅度的提高,说明企业的长期偿债能力得到增强;公司的资产负债率、产权比率、权益乘数在逐年降低,进一步说明企业的长期偿债能力得到增强,财务风险在降低。

2. 利息保障倍数=(利息费用+税前利润)÷利息费用

2021年利息保障倍数=(3 838+800)÷(800+300)

　　　　　　　　=4.22

2022年利息保障倍数=(4 845+1 020)÷1 020

　　　　　　　　=5.75

影响利息保障倍数的因素有利润总额和利息费用。从以上计算可以看出,顺达公司2022年利息保障倍数比2021年有所提高,这说明企业偿还利息的能力增强,偿债风险降低,主要原因是利润总额有所提高,由2021年的3 838万元提高到2022年的4 845万元,同时利息费用有所降低,由2021年的1 100万元降低到2022年的1 020万元。

3. 资产负债率=1 120÷2 460×100%

　　　　　=45.53%

产权比率 = 1 120÷1 340
       = 0.84
权益乘数 = 2 460÷1 340
       = 1.84

五、综合能力训练

资产负债率 = 负债总额÷资产总额×100%
         = (290+765)÷2 243×100%
         = 47.04%
产权比率 = 负债总额÷股东权益
       = (290+765)÷1 188
       = 0.89

资产负债率可衡量企业在发生清算时对债权人权益的保障程度。经验表明,资产负债率的适当范围介于30%~70%之间。远方公司的资产负债率47.04%处在一个比较合适的范围。有一个较低的资产负债率水平,说明该企业的长期偿债能力较强,财务风险较低。

产权比率反映债权人投入资本受到股东权益保障的程度,或者说企业清算时对债权人利益的保障程度。产权比率侧重于揭示债务资本与权益资本的相互关系,说明企业财务结构的风险性,以及所有者权益对偿债风险的承受能力。远方公司的产权比率为0.89,说明企业长期偿债能力较强,财务风险较低。

综合资产负债率、产权比率这两个比率指标分析可以看出,远方公司的财务风险较低。

六、拓展训练

略。

项目四　营运能力分析

一、单项选择能力训练

1. D　2. C　3. A　4. B　5. D　6. B　7. C　8. D　9. B　10. B　11. B　12. A

二、多项选择能力训练

1. ABCD　2. ACD　3. ABCD　4. CD　5. ABC　6. BD　7. BCD　8. ACD

三、判断能力训练

1. √　2. ×　3. ×　4. √　5. √　6. √　7. ×

四、计算能力训练

1. (1) 计算长电科技股份有限公司2021年、2020年的应收账款周转次数、应收账款周转天数、存货周转次数、存货周转天数、流动资产周转次数、流动资产周转天数、固定资产周转次数、固定资产周转天数、总资产周转次数、总资产周转天数,结果如表4.1所示。

表 4.1　　　　　　　　　　长电科技股份有限公司营运能力指标

指　　标	2021 年	2020 年
应收账款周转次数	8.02	7.03
应收账款周转天数	45.53	51.94
存货周转次数	11.99	7.92
存货周转天数	30.44	46.11
流动资产周转次数	1.70	1.76
流动资产周转天数	214.59	207.41
固定资产周转次数	1.80	1.67
固定资产周转天数	202.37	218.14
总资产周转次数	0.43	0.42
总资产周转天数	852.90	865.51

（2）长电科技股份有限公司 2021 年的应收账款周转次数、存货周转次数都有不同幅度的提高，说明公司在催收应收账款、存货管理方面取得了一定的成绩，但是流动资产周转次数略有降低，说明除应收账款、存货以外的资产营运管理还存在一定的问题。公司固定资产的周转速度略有加快。整体而言，2021 年与 2020 年相比，公司资产管理效率变化不大，略有好转。

2. 应收账款周转次数 = 40 000÷[（1 550+1 650）÷2]
　　　　　　　　　= 25
应收账款周转天数 = 365×[（1 550+1 650）÷2]÷40 000
　　　　　　　　= 14.6（天）
存货周转次数 = 40 000×70%÷[（1 800+1 650）÷2]
　　　　　　 = 16.23
存货周转天数 = 365×[（1 800+1 650）÷2]÷(40 000×70%)
　　　　　　 = 22.49（天）
流动资产周转次数 = 40 000÷[（3 200+3 150）÷2]
　　　　　　　　= 12.60
流动资产周转天数 = 365×[（3 200+3 150）÷2]÷40 000
　　　　　　　　= 28.97（天）
总资产周转次数 = 40 000÷[（10 800+12 950）÷2]
　　　　　　　 = 3.37
总资产周转天数 = 365×[（10 800+12 950）÷2]÷40 000
　　　　　　　 = 108.36（天）
3.（1）应收账款周转次数 = 1 800÷[（200+400）÷2]
　　　　　　　　　　　 = 6（次）

应收账款周转天数 = 365×[(200+400)÷2]÷1 800
　　　　　　　 = 60.83(天)
(2) 存货周转次数 = 1 500÷[(200+600)÷2]
　　　　　　　 = 3.75(次)
存货周转天数 = 365×[(200+600)÷2]÷1 500
　　　　　　 = 97.33(天)
(3) 年末速动资产÷年末流动负债 = 1.2
(年末速动资产-400)÷年末流动负债 = 0.7
解之得：年末流动负债 = 800(万元)
年末速动资产 = 960(万元)
(4) 年末流动比率 = (960+600)÷800
　　　　　　　 = 1.95

4. (1) 流动负债年末余额 = 300÷200%
　　　　　　　　　　 = 150(万元)
(2) 存货年末余额 = 300-150×100%
　　　　　　　 = 150(万元)
存货年平均余额 = (170+150)÷2
　　　　　　　 = 160(万元)
(3) 本年营业成本 = 160×4
　　　　　　　 = 640(万元)
(4) 应收账款年末余额 = 300-150
　　　　　　　　　 = 150(万元)
应收账款平均余额 = (150+150)÷2
　　　　　　　　 = 150(万元)
应收账款周转天数 = 150×365÷1 080
　　　　　　　　 = 50.69(天)

5. (1) 流动资产期初数 = 3 000×0.75+3 600
　　　　　　　　　 = 5 850(万元)
流动资产期末数 = 4 500×1.6
　　　　　　　 = 7 200(万元)
(2) 本期营业收入 = 18 000×1.2
　　　　　　　 = 21 600(万元)
(3) 流动资产平均余额 = (5 850+7 200)÷2
　　　　　　　　　 = 6 525(万元)
流动资产周转次数 = 21 600÷6 525
　　　　　　　　 = 3.31(次)

五、拓展训练

略。

项目五　盈利能力分析

一、单项选择能力训练
1. C　2. D　3. B　4. A　5. A　6. D　7. B　8. B　9. C　10. D　11. D

二、多项选择能力训练
1. ABC　2. ABCD　3. CD　4. AB　5. CD　6. CD　7. AC　8. AD　9. ABCD　10. ABCD　11. ABCD

三、判断能力训练
1. √　2. ×　3. √　4. ×　5. √　6. √　7. √　8. ×　9. √　10. ×　11. √

四、计算能力训练

发行在外普通股加权平均股数 = 90 000 + 4 000×6÷12 − 1 000×3÷12
　　　　　　　　　　　　　　= 91 750（万股）

基本每股收益 = 60 000÷91 750
　　　　　　 = 0.65（元/股）

五、综合能力训练

1. （1）计算长电科技股份有限公司 2021 年、2020 年的营业毛利率、营业净利率、总资产收益率和净资产收益率，结果如表 5.1 所示。

表 5.1　　　　　　　　长电科技股份有限公司盈利能力指标

指　　标	2021 年	2020 年
营业毛利率	20.06%	15.84%
营业净利率	20.77%	4.95%
净资产收益率	12.78%	3.69%
总资产收益率	8.89%	2.09%

（2）2021 年长电科技股份有限公司的营业毛利率、营业净利率、总资产收益率和净资产收益率均有不同程度的提高，表明企业的盈利能力得到增强，渐渐走出疫情所带来的不利影响。

2. （1）计算该上市公司近三年的每股收益、每股净资产、市盈率和市净率，结果如表 5.2 所示。

表 5.2　　　　　　　　该上市公司盈利能力指标

项　　目	2022 年	2021 年	2020 年
每股收益	1.27	0.81	0.41
每股净资产	6.09	5.98	5.89
市盈率	6.30	9.63	14.93
市净率	1.31	1.30	1.04

(2) 从以上计算结果可以知道该上市公司每股收益呈逐年上升趋势,说明该公司的盈利能力在逐步增强,股东的投资效益越来越好。一般来说,在其他因素不变的情况下,每股收益越大,该股票的市价上升空间也越大。虽然该公司市盈率呈逐年下降趋势,但是主要原因在于股票市价上涨的幅度小于每股收益上涨的幅度,这一情况说明该公司股票的投资价值较高,投资风险相对较小。该公司市净率近三年都能稳定在 1 以上,说明市场对该公司有良好的评价,投资者对其未来的发展有信心。

3. (1) ① 2022 年:营业毛利率=(4 360 000-2 920 000)÷4 360 000×100%
   =33.03%

2021 年:营业毛利率=(3 300 000-1 870 000)÷3 300 000×100%
   =43.33%

2022 年:营业净利率=259 800÷4 360 000×100%
   =5.96%

2021 年:营业净利率=525 750÷3 300 000×100%
   =15.93%

② 2022 年:净资产收益率=259 800÷[(1 772 000+1 502 000)÷2]×100%
   =15.87%

2021 年:净资产收益率=525 750÷[(1 502 000+1 421 000)÷2]×100%
   =35.97%

2022 年:总资产收益率=259 800÷[(3 422 000+2 958 000)÷2]×100%
   =8.14%

2021 年:总资产收益率=525 750÷[(2 958 000+2 800 000)÷2]×100%
   =18.26%

(2) 2022 年度与 2021 年度相比,蓝天有限责任公司各项反映企业盈利能力的财务指标都有所下降,其中营业毛利率和营业净利率下降了约 10 个百分点,说明 2022 年度企业的营业成本相对增加,企业必须在产品成本控制方面进一步查明原因。

2022 年度与 2021 年度相比,蓝天有限责任公司的总资产收益率下降了约 10 个百分点,净资产收益率下降了约 20 个百分点,说明在公司财务结构未发生太大变化的情况下导致该二项财务指标下降的根本原因是营业净利率的降低。因此,公司必须加强销售管理,增加营业收入,降低营业成本,提高利润水平。

六、拓展训练

略。

项目六　发展能力分析

一、单项选择能力训练

1. B　2. A　3. C　4. C　5. D

二、多项选择能力训练

1. BCD　2. CD

三、判断能力训练

1. √ 2. × 3. √ 4. × 5. √ 6. × 7. √ 8. × 9. √ 10. √

四、计算能力训练

股利支付率 =（0.25÷0.823）×100%
　　　　　= 30.38%

可持续增长率 = 营业净利率×资产周转率×权益乘数×(1-股利支付率)
　　　　　　= 18.66%×1.2×2.05×(1-30.38%)
　　　　　　= 31.96%

五、综合能力训练

1.（1）计算长电科技股份有限公司 2021 年、2020 年的营业收入增长率、净利润增长率、资本积累率、资产增长率、可持续增长率，结果如表 6.1 所示。

表 6.1　　　　　　　长电科技股份有限公司发展能力指标

指　　标	2021 年	2020 年
营业收入增长率	9.40%	-1.39%
净利润增长率	358.83%	—
资本积累率	60.09%	3.61%
资产增长率	16.82%	-1.11%
可持续增长率	11.29%	3.46%

（2）长电科技股份有限公司 2021 年的营业收入增长率、净利润增长率、资本积累率、资产增长率和可持续增长率均有较大幅度的提高，说明公司的发展能力持续向好。

2. 2021 年度营业收入增长率 =（355.27-179.18）÷179.18×100%
　　　　　　　　　　　　　= 98.28%

2021 年度净利润增长率 =（78.58-50.06）÷50.06×100%
　　　　　　　　　　　= 56.97%

2021 年度所有者权益增长率 =（292.79-149.29）÷149.29×100%
　　　　　　　　　　　　　= 96.12%

2021 年度资产增长率 =（854.54-473.95）÷473.95×100%
　　　　　　　　　　= 80.30%

2021 年度销售规模扩大，营业收入增长率很高，说明宏达公司营业收入增长很快，销售情况很好；本期净利润增加，净利润增长率较高，说明宏达公司未来的发展前景很好；股东权益增长率很高，表明宏达公司本期股东权益增加得多，企业自有资本的积累能力增强，对企业未来的发展有利；宏达公司本期资产规模增加，资产增长率较大，说明资产规模扩张得很快。营业收入增长率高于其资产增长率，说明企业在销售方面具有良好的成长性。该公司资产规模增长应属于效益型增长，是适当的、正常的。

2022 年度营业收入增长率 =（429.92-355.27）÷355.27×100%
　　　　　　　　　　　　= 21.01%

2022 年度净利润增长率 =（93.46-78.58）÷78.58×100%
　　　　　　　　　　 = 18.94%
2022 年度所有者权益增长率 =（318.92-292.79）÷292.79×100%
　　　　　　　　　　　　 = 8.92%
2022 年度资产增长率 =（1 223.10-854.54）÷854.54×100%
　　　　　　　　　　= 43.13%

2022 年度销售规模扩大,营业收入增长率较高,说明宏达公司营业收入增长较快,销售情况较好;本期净利润增加,净利润增长率较高,说明宏达公司未来的发展前景较好;股东权益增长率偏低,表明宏达公司本期股东权益增加不多,企业自有资本的积累能力下降,对企业未来的发展不利;宏达公司本期资产规模增加,资产增长率较大,说明资产规模扩张得很快。但营业收入增长率低于其资产增长率,说明这种营业收入增长并不具有效益性,同时也反映企业在销售方面可持续发展能力不强。

六、拓展训练

略。

项目七　现金流量分析

一、单项选择能力训练

1. C　2. D　3. C　4. D　5. B　6. C　7. B　8. A

二、多项选择能力训练

1. ABC　2. AD　3. ABCD　4. ABCD　5. BC　6. ABCD　7. AC　8. BD

三、判断能力训练

1. ×　2. √　3. ×　4. ×　5. √　6. ×　7. ×　8. ×

四、计算能力训练

计算长电科技股份有限公司 2021 年、2020 年的销售收现比率、总资产现金回收率、净资产现金回收率、盈余现金保障倍数、现金流动负债比率、现金债务总额比率、利息现金流量保障倍数和现金净流量全部债务比率,结果如表 7.1 所示。

表 7.1　　　　　　　　长电科技股份有限公司现金流量指标

指标名称	2021 年	2020 年
销售收现比率	114.34%	107.47%
总资产现金回收率	13.25%	3.89%
净资产现金回收率	19.04%	6.87%
盈余现金保障倍数	1.49	1.86
现金流动负债比率	55.63%	10.93%
现金债务总额比率	43.56%	8.99%
利息现金流量保障倍数	24.70	3.18
现金净流量全部债务比率	-1.82%	5.46%

五、综合能力训练

（1）长电科技股份有限公司 2021 年总资产现金回收率为 13.25%，超过行业平均水平，说明公司资产的盈利质量很好。结合公司总资产收益率 8.89% 分析，可以看出两项比率值基本相近，说明企业利用资产获取现金的能力较强。

盈余现金保障倍数为 1.49，超过了 1 倍的经验标准，而且超过行业 0.8 的平均水平，说明公司资本经营盈利质量较有保障。

公司净资产现金回收率 19.04%，远远超过 8.16% 的行业平均水平，结合净资产收益率 12.78% 来看，公司利用股东资本经营的盈利能力不仅很强，而且有足够的现金保障。

现金流动负债比率为 55.63%，小于 1 倍的公认值，而且与同行相比处于很低水平，说明公司短期债务的现金偿还能力不理想，应查找原因。

综合以上各项指标分析可以看出，公司的盈利质量较好，其日常经营活动现金流量对其债务有较好保障，但是存在一定的债务风险。

（2）公司 2021 年销售获现比率为 114.34%，比上年有所上升，该比率大于 1，即本期收到的销售现金大于本期销售收入，不仅当期销售全部变现，部分前期应收款项也被收回。其较高的收现率表明企业产品定位正确，适销对路，并已形成良好的经营环境。

总资产现金回收率从上年的 3.89% 猛升至 13.25%，而且与总资产收益率相当，说明资产利用效果很好，利用资产创造的现金流入增多，整个企业获取现金的能力更强，经营管理水平提高。

盈利现金比率从上年的 1.86 降到 1.49，但超过了 1 倍的公认标准，说明公司资本经营盈利质量较有保障。

现金债务总额比率从上年的 8.99% 提升至 43.56%，反映企业生产经营活动产生的现金流量净额偿还长短期债务的能力得以大幅度提高，债务风险大幅度下降。

利息现金流量保障倍数从上年的 3.18 提升至 24.70，可以看出公司偿付利息的能力在提升。

现金流动负债比率为 55.63%，小于 1 倍的经验值，表明公司对短期债务的现金偿还能力不强。

综合以上各指标分析，可以认为，该公司 2021 年盈利状况更加稳健，债务风险呈下降趋势。

六、拓展训练

略。

项目八　综合分析

一、单项选择能力训练

1. A　2. B　3. D　4. A　5. B　6. C　7. C　8. A　9. C　10. B　11. D　12. B

二、多项选择能力训练

1. ABCD　2. ABC　3. ABD　4. BD　5. ABCD　6. CD　7. ABCD

三、判断能力训练

1. √　2. √　3. ×　4. ×　5. √

四、计算能力训练

1.（1）长电科技股份有限公司 2021 年净资产收益率
= 1 865 131 292.98÷[（17 972 290 255.50+11 226 371 191.33）÷2]×100%
= 12.78%

长电科技股份有限公司 2020 年净资产收益率
= 406 500 982.86÷[（11 226 371 191.33+10 835 588 310.47）÷2]×100%
= 3.69%

（2）利用因素分析法进行定量分析,确定各因素的变动对净资产收益率变动的影响程度。分析过程见表 8.1。

表 8.1　　　　　净资产收益率变动因素连环替代分析表

项目	营业净利率	总资产周转率	权益乘数	净资产收益率	影响程度
2020 年度指标	4.952 9%	0.421 7	1.764 3	3.69%	—
营业净利率变动	20.772 6%	0.421 7	1.764 3	15.45%	11.76%
总资产周转率变动	20.772 6%	0.428 0	1.764 3	15.68%	0.23%
权益乘数变动	20.772 6%	0.428 0	1.437 1	12.78%	-2.90%

① 营业净利率变动的影响
按本年营业净利率计算的上年净资产收益率 = 20.7726%×0.4217×1.7643 = 15.45%
营业净利率的变动对净资产收益率的影响 = 15.45%-3.69% = 11.76%

② 总资产周转率变动的影响
按本年营业净利率、总资产周转率计算的上年净资产收益率
= 20.7726%×0.4280×1.7643 = 15.68%
总资产周转率变动对净资产收益率的影响 = 15.68%-15.45% = 0.23%

③ 权益乘数变动(资本结构变动)的影响
按本年营业净利率、总资产周转率、权益乘数计算的净资产收益率
= 20.7726%×0.4280×1.4371 = 12.78%
权益乘数变动对净资产收益率的影响 = 12.78%-15.68% = -2.90%

通过分析可知,不利因素是权益乘数的降低,使净资产收益率降低了 2.90%;有利因素是营业净利率和总资产周转率的提高,分别使净资产收益率提高了 11.76% 和 0.23%,有利因素超过不利因素,所以净资产收益率上升了 9.09%。

2. 计划的净资产收益率 = 7.5%×0.12×1÷(1-50%)
　　　　　　　　　　= 1.80%

实际的净资产收益率 = 8.0%×0.10×1÷(1-75%)
　　　　　　　　　= 3.20%

分析:
营业净利率的影响 = (8.0%-7.5%)×0.12×1÷(1-50%)
　　　　　　　　= 0.12%

总资产周转率的影响=8.0%×(0.10−0.12)×1÷(1−50%)
=−0.32%
资产负债率的影响=8.0%×0.10×[1÷(1−75%)−1÷(1−50%)]
=1.60%
营业净利率、总资产周转率和资产负债率对净资产收益率总的影响
=0.12%+(−0.32%)+1.60%
=1.40%

由以上计算可知,营业净利率的提高引起净资产收益率提高0.12%,资产负债率的提高引起净资产收益率提高1.60%,总资产周转率的降低引起净资产收益率下降0.32%。所以,三个因素的共同作用使得净资产收益率提高1.40%。

3.

表8.2　　　　　　　某公司某年的财务状况综合情况(答案)

财务比率	权重	标准值	实际值	相对值	评分
一、盈利能力	48				
1. 净资产收益率	15	4%	3.5%	0.875	13.125
2. 总资产收益率	15	1.5%	1.54%	1.027	15.40
3. 营业净利率	18	0.8%	1.25%	1.562 5	28.125
二、偿债能力	28				
1. 流动比率	10	1.1	1.24	1.127	11.27
2. 股权比率	8	0.2	0.36	1.8	14.4
3. 利息保障倍数	10	3	3.2	1.067	10.67
三、营运能力	24				
1. 存货周转率	8	4.2	3.8	0.905	7.24
2. 应收账款周转率	8	12	10	0.833	6.664
3. 总资产周转率	8	1.4	1.3	0.929	7.432
合　计	100				114.33

该公司综合得分超过100分,说明该公司综合财务状况优于行业的平均水平。

五、综合能力训练

1. (1) 年末流动资产=14×2.1
=29.4(万元)
年末资产负债率=(14+42)÷160×100%
=35%
权益乘数=1÷(1−35%)
=1.54
总资产周转率=128÷160
=0.8(次)

（2）年末存货 = 29.4 - 1.2 × 14
              = 12.6（万元）
平均存货 =（15 + 12.6）÷ 2
         = 13.8（万元）
营业成本 = 13.8 × 5
         = 69（万元）
净利润 =（128 - 69 - 9 - 10）×（1 - 25%）
       = 30（万元）
营业净利率 = 30 ÷ 128 × 100%
           = 23.44%
净资产收益率 = 23.44% × 0.8 × 1.54
             = 28.88%

2.（1）该企业总资产收益率从13%下降到6.9%，说明其资产的获利能力在下降，原因是总资产周转率和营业净利率都下降。

总资产周转率从2.6次下降到2.3次，是由于平均收现期延长和存货周转率下降。

销售净利率从5%下降到3%，具体原因分析如下：
2021年的营业毛利 = 3 900 × 17%
                 = 663（万元）
2021年的营业净利润 = 3 900 × 5%
                   = 195（万元）
2022年的营业毛利 = 3 500 × 15%
                 = 525（万元）
2022年的营业净利润 = 3 500 × 3%
                   = 105（万元）

由于"营业净利率=净利润÷营业收入"，2022年的营业收入从2021年的3 900万元下降到3 500万元，营业净利率下降的直接原因是净利润的下降，而净利润下降的间接原因是营业毛利率的下降。

（2）总资产收益率 = 营业净利率 × 总资产周转率
总资产收益率的变动金额 = 6.9% - 13%
                     = -6.1%
营业净利率降低对总资产收益率的影响 =（3% - 5%）× 2.6
                                 = -5.2%
总资产周转率降低对总资产收益率的影响 = 3% ×（2.3 - 2.6）
                                   = -0.9%
营业净利率、总资产周转率对总资产收益率总的影响 = -5.2% - 0.9%
                                             = -6.1%

（3）该企业应该扩大销售、降低存货，提高存货的周转率；同时应降低应收账款，提高应收账款的周转率，缩短平均收现期；并且要降低进货成本，提高营业毛利率。

六、拓展训练

略。

项目九 财务报表附注分析

一、单项选择能力训练

1．B　2．D

二、多项选择能力训练

1．ABCD　2．ABCD　3．ABCD

三、判断能力训练

1．√　2．√

四、拓展训练

略。